教育
发现

EDUCATION DISCOVERY · EDUCATION DISCOVERY · EDUCATION DISCOVERY · EDUCATION DISCOVERY

教育 EDUCATION
DISCOVERY 发现

过一种舒展的教育生活

◎ 徐 杰／著

山东文艺出版社

图书在版编目（CIP）数据

过一种舒展的教育生活 / 徐杰著 . –– 济南：山东
文艺出版社，2024.6

ISBN 978-7-5329-7155-8

Ⅰ . ①过… Ⅱ . ①徐… Ⅲ . ①教师教育—研究 Ⅳ .
① G65

中国国家版本馆 CIP 数据核字（2024）第 066513 号

过一种舒展的教育生活

GUOYIZHONG SHUZHAN DE JIAOYU SHENGHUO

徐　杰　著

主管单位	山东出版传媒股份有限公司
出版发行	山东文艺出版社
社　　址	山东省济南市英雄山路 189 号
邮　　编	250002
网　　址	www.sdwypress.com

读者服务	0531-82098776（总编室）
	0531-82098775（市场营销部）
电子邮箱	sdwy@sdpress.com.cn

印　　刷	山东新华印务有限公司
开　　本	710 毫米 × 1000 毫米　1 / 16
印　　张	16.5
字　　数	190 千
版　　次	2024 年 6 月第 1 版
印　　次	2025 年 7 月第 2 次印刷
书　　号	ISBN 978-7-5329-7155-8
定　　价	55.00 元

"杰哥"是我的学生

周建忠

我喜欢读一个语文公众号"杰哥的精致语文"，很有意味，与众不同，好玩，有趣。

当然，也有感情的成分，"杰哥"是我的学生，师生的缘分有很大影响。

不过，话还得说回来，我教过的学生多了去了，做官的，当名师的，更是如云如林。想必徐杰的老师也不少，我不过是其中之一，是"批量生产"模式下劳动者与产品的关系。

我们习惯上这样指代："学生"往往指教过的专科生、本科生，"弟子"往往指带过的硕士生、博士生。

我与"杰哥"，就是他学生时代的师生关系之一，我是他众多的老师之一，他是我众多的学生之一。在他读师专时，我对那时的他印象是模糊的，之所以还记得是因为：一是形象特别，二是有才气，三是帮我抄过稿子——在手写时代，我们老师会找优秀的学生、字写得漂亮的学生，誊抄稿件。他毕业后，去了金沙初中，我们好像还来往过几次，但内容已经被时间老人筛去了。后来他去了江阴，我的老家靖江对面，即便如此，我们师生很长一段时间，至少十几年，都没有见过面。

忽然有一天，我已经成了名师，他也成了名师，我们之间又有了较多的来往，但见面依然很少，只是给他的团队讲过一次古诗词教学与创作，更多的是在网络上，常常看到他的消息，有时眼前一亮，有时哑然失笑，总能惺惺相惜，所以免不了常常要提到他，我的名师培养讲座课件上，专门给了他一页，情不自禁地为他的人生选择点赞。

他就是徐杰，长得有点特别，如果直说，就是不讨喜。眼睛小，头发黄，瘦瘦高高，一副营养不良的样子；皮肤呢，比很多女孩子的还要白，容易给人留下印象。既然颜值靠不上，只能靠内涵了。只要他一开口，一写点什么，马上横空出世，让你惊奇赞叹。于是，一个结论早早就形成了：他是我的得意学生。有他这样一个学生，作为老师，我跟着沾光了。

我经常认为，一个名师必须具备三气：才气、骨气、酸气。三点之中，酸气很重要，只要有酸气，就会有血有肉，活生生，真实，有趣，有感染力，有影响力。我所说的"酸气"，是指酸溜溜的个性，酸溜溜的自负，酸溜溜的小资，酸溜溜的不服，酸溜溜的牢骚，酸溜溜的发泄，带点桀骜不驯，带点不以为意。而且又将才气、骨气贯穿其中，即便是赞赏，或者是批判，甚至是冷嘲热讽，都带有"酸"的痕迹，无私无畏，特立独行。特别是他的有些小说，我很欣赏其中流淌的才气，佩服其中外溢的骨气，但"酸气"太重，有时一针见血，直逼生活丑陋的一面，直逼人性最柔软的痛点，看得人触目惊心，暗暗为他捏一把汗。

但他依然我行我素，居然也有一批甚至一大批推崇者、拥戴者。他作为一线初中语文教师、一个区域教研员，除了津津乐道的上课示范、走火入魔的示范指导，似乎心无旁骛，无所追求。最主要的，他没有我们一线名师的很多光环，比如特级教师、正高级教师、国家级项目、国家级奖项，既不是省级培养工程培养对象，也不是教育家型教师创新培育计划培养学员。有人说他"好酒放达，喜弄文字"，公众号更新快。我最为欣慰的是，人间自有公论，网上称他是"著名教师""著名语文教师"，我以为是名副其实的，他上课，他写作，他出书，他自我，他自得其乐，为什么不行？

我是名师，他也是名师，我在体制内，他也在体制内。

我是名师，他也是名师，我是政府评定的，他是民间舆论形成的。

我是名师，他也是名师，我的口碑不错，他的口碑也很好。

我是名师，他也是名师，我在圈内，他在圈外，相映成趣，各有境界。

我是名师，他也是名师，我有很多徒弟，他也有很多徒弟。

我是名师，他也是名师，我喜欢读书、写作、上课，他也喜欢读书、写作、上课。

我是名师，他也是名师，我的生命是为上课而来，他的生命也是为上课而来。

我们的师生缘，源于上课，源于对教师职业的理解，源于一份执着而持久的教育情怀。

于是，我喜欢我的学生徐杰，我喜欢"杰哥"的个性风致。

（周建忠，曾任南通大学副校长兼文学院院长，国家"万人计划"教学名师、国家教材委员会语文学科专家委员会委员、教育部基础教育课程教材专家工作委员会委员、国家级名师培养工程导师。）

自 序
写作，是一种输入

常听人说，写作是一种输出；但写作于我，却是一种输入。

三十年前，我大学毕业，那时师范生毕业是包分配工作的，但若想进城，需要"双选"。我就拿着一本剪报集（里面有我读大学期间发表的三十多篇"豆腐块"），去找金郊初中的郁大华校长，郁校长看了我那些"豆腐块"，很欣赏。后来，教导主任告诉我，郁校长叮嘱过他：这个小伙子啊，后续上课得分即使差一点，我们也要了。

郁校长不知道的是，我读大学期间能发表那么多"豆腐块"，爱好文学是一方面，最主要的一点，是我太需要那一笔笔数额不大却能改善生活的稿费。学校发的饭菜票不够吃，需要自己掏钱增购；几个好朋友聚餐吹牛，轮到我请客时需要"出血"；每个月去孩儿巷书店逛一次，看到喜欢的书总想买下来……家里太穷，不好意思回去要钱，所以，稿费成了我当时最主要的经济来源。是写作，让我找到了农家青年的自信。二十多年前，我离开家乡，去南京工作。寒假回乡，正值春运，中央门汽车站人山人海，我买的是早上八点钟的汽车票，七点二十分我就到了车站门口的广场，等我终于挤到检票口，车子已经开出一刻钟了。再挤到售票窗口，退票重买，就只剩下晚上八点一班车的票了，毫不犹豫，买一张再说。饥肠辘辘，但不敢出站去吃早饭，站内有零食店，硕大的电饭煲，冒着热气，里面煮着热腾腾的玉米棒子，我买了两根，然后四处张望，想找一个可以坐一会儿的地方，可是没有，到处都是人，黑压压一片。这难不倒我，我就厚着脸皮，找那些有座的，挨个问过去，终于问到一个人，他的票发车时间最早，十一点半。我拖着行李箱，在他面前候着，即使有人流把我挤得歪歪扭扭，我始终死死钉在那里，一步不敢挪开。

站立两小时，终于等到了一个可以休息的座位。可摆在我面前的问题是：接下来这八小时，怎么熬过去？读书吗？我本来是带了两本书的，但不知怎的，心烦意乱，读不下去。于是，我拿出纸和笔，弓着腰，垫着行李箱，开始写作。很奇怪，一旦进入写作的状态，周围仿佛一下子安静下来，那一次，我真切体会到什么叫心无旁骛，什么叫时间飞逝。八小时，我一共写了四篇小东西：语文教研组新学期工作计划一份、《江宁印象记》随笔两则、《地下森林断想》教学反思一篇。等我把草稿修改一遍，通读无误，已是晚间七点半，收拾收拾，赶紧去检票口。是写作，让我的心更沉静。

十一年前，我离开教学一线，到教研室工作。从踏上新的工作岗位的第一天开始，我就坚持写工作手记。我把自己对教育现状的思考、困惑、赞许、呼吁、吐槽乃至愤怒，都诉诸文字，并给它们取了个统一的标题《一个教研员的工作手记》，每一篇都标有一个序号，十一年过去，序号已经标注到 400 开外。

这些文字，其实是最真诚的，它们只需要面对我一个人。我，是唯一的作者，也是唯一的读者。它们给予我力量——前行的力量，自我修正或否定的力量，此外还有，说"不"的力量，丰富的力量，深邃的力量……六年前，我开始写公众号。刚开始，推送的都是"存货"，一年以后，"存货"用完，开始现写，隔三岔五地推送一篇，2023 年，我开始尝试"日更"，每日一文。我以为自己最多坚持两个月，但我真的小看了自己的韧性，日更居然坚持了一年。公众号年度大数据显示，这一年，我发表原创文章37.8 万字，年阅读量549.5 万次，被137 万人看过，公众号"杰哥的精致语文"关注用户突破22 万。我的公众号文章，以语文教学相关内容为主体，此外，我还喜欢写小小说、随笔、短诗，偶尔手痒，也会写一点社会热点评论。没有团队，这是我"一个人"的公众号，我写，我编，我管理；没有美编，推文全是"素颜"以出，排版都是采用最基础的模板；不设打赏或付费阅读，一篇文章中间也绝不插广告图片，只想给读者更顺畅的阅读体验。日更一文，刚开始是为着一个"任务"而咬牙坚持；渐渐地，写作就成了习惯；再后来，每天不写点什么东西，总觉得缺了点什么，浑身不得劲。有时候，朋友约了晚上出去"掼蛋"，在中场休息的间隙，我都能见缝插针，在手机上录入一段文字。从事教育工作三十年，我出版了五本专著，一本绘本。我的这些书，不是为出版而"写"出来的；它们，都是我从日常的写作积累中，根据需要选出一部分，稍加整理而"编"出来的。

写着，写着，发现自己真的很富有。写作，已经融入我的教育生活。或者说，写作，已经成了我生命存在的一种方式。就是在我被网暴、公众号不得不停更的日子里，我也没有停止过写作。我用写作夹安慰自己，用写作来勉励自己，用写作来抵御那如山一般的压力。可以这么说吧，如果没有写作，我可能会在这一场网暴事件口，结束自己的生命。

感恩写作。是写作给了我活下去的信心。

暴风雨过去，我的公众号恢复日更。有老领导善意提醒我，说"以后少写点"；不止一个好友直言劝我"不要写了"；还有两个老友，更用了恨铁不成钢的语气，说"你怎么还在写"。

怎么还在写？因为想舒展地活着呗。

目录

过一种
舒展的教育生活

▶**第一辑　过一种舒展的教育生活**

这个教师节逢着礼拜天，真好　　　　　/ 3

啊！杰哥在下一盘很大的棋　　　　　/ 5

工作第二　　　　　　　　　　　　　/ 8

办公室是物理空间，也是精神空间　　/ 10

过一种舒展的教育生活　　　　　　　/ 12

老师，暑假旅游还是尽量不晒朋友圈吧/ 15

我是个死要面子的人　　　　　　　　/ 18

努力读书的动机　　　　　　　　　　/ 21

书是用来看的　　　　　　　　　　　/ 23

有温度　　　　　　　　　　　　　　/ 25

课堂里的最美姿态　　　　　　　　　/ 27

跟着藤野先生学做老师　　　　　　　/ 29

当年那些课改名校，如今都哪里去了 / 32

谢安是个好老师　　　　　　　　　　/ 35

这位名师为啥被同行孤立　　　　　　/ 37

教师应该活在哪里　　　　　　　　　/ 39

如果我当校长，一定不是个好校长　/ 42

摘掉"帽子"，我的个人简介很寒碜　/ 46

做生产队长，不做旗帜　/ 50

一天说了四回"不"，这个男人忒没劲　/ 53

一文说清教育"内卷"　/ 56

学习袁隆平，把研究的根深深

扎进课堂的土壤　/ 60

▶第二辑　名师是怎样炼不成的

我是教研员，也是最特别的备课组长　/ 65

请体育老师来教教语文老师　/ 70

板书不宜"用力过猛"　/ 74

有些"积极性"，就是拿来打击的　/ 76

打嘴炮没意思，咱们要不要约个课　/ 79

一节课，是不是试上的次数越多越好　/ 81

频繁的赛课，对年轻教师的成长

并没有太大的帮助　/ 84

如果你不得不参加一场很无聊的培训　/ 88

课堂教学比赛能不能增设评委示范课　/ 91

课件拷去，实录拿去，为什么

还是上不出好课　　　　　　　　　　　/ 94

辩证看待课堂上学生的"精彩"　　　　/ 97

给小西老师的一封信　　　　　　　　　/ 100

有些鸟儿是注定关不住的　　　　　　　/ 102

我最反感的几种教学行为　　　　　　　/ 106

课堂实录应该姓"实"　　　　　　　　/ 108

真实的教研应该是怎样的　　　　　　　/ 112

呜呼！评课居然也有了"模式"　　　　/ 114

名师是怎样炼不成的　　　　　　　　　/ 117

快与慢　　　　　　　　　　　　　　　/ 120

▶第三辑　　老教师也会有手足无措的时刻

奔跑　　　　　　　　　　　　　　　　/ 125

孩子，你要慢慢来　　　　　　　　　　/ 127

老教师也会有手足无措的时刻　　　　　/ 131

初中阶段遇到一个好语文老师有多重要　/ 133

今天上课时，我心里咯噔了一下　　　　/ 138

好学生其实更难教　　　　　　　　　　/ 141

我辈多是蓬蒿人　　　　　　　　　／ 144

"共生"，美丽的课堂风景　　　　　／ 147

课堂上，我把教案改了又改　　　　／ 149

语文老师在课堂上要熬住了少讲话　／ 154

"好脸色"有多重要　　　　　　　　／ 157

跟"差生"不需要斗智斗勇　　　　／ 160

我想再看一回晚自习　　　　　　　／ 163

课堂教学语言的自我训练　　　　　／ 166

▶第四辑　**教语文，我们要尽量慢下来**

给新入职教师的十条建议　　　　　／ 171

值得铭记一生的几句话　　　　　　／ 173

开学第一课，不要忙着上新课　　　／ 176

我的开学第一课　　　　　　　　　／ 178

课堂活动设计，"临门一脚"很重要　／ 180

借班上课，"暖场"很重要　　　　　／ 183

为了一节课，耿耿于怀一年多

——《回忆鲁迅先生》备课手记　　／ 185

通俗手法有时候也挺有用

——《社戏》备课手记　　　　　　／ 189

微课教学的"四忌"与"四宜"　　　　　　／ 192

一课三上《孔乙己》　　　　　　　　　　／ 196

借班上课，如何驾"生"就"熟"　　　　　／ 199

教学设计的"好点子"是怎么来的　　　　／ 202

有些新课开发，纯属"临时起意"　　　　／ 204

教学设计一定要关注文本的"语言形式"　／ 206

从《岳阳楼记》结尾一段的赏读说开去　　／ 209

想方设法让学生在文本里多走几个来回

——《背影》备课手记　　　　　　　　／ 211

跨学科学习，究竟是个什么东西　　　　　／ 213

老师，你怎样布置预习　　　　　　　　　／ 216

把课堂的意外生成，转化为再教的预设　　／ 219

努力把单篇课文上出"大单元"的格局和气象

　　　　　　　　　　　　　　　　　　　／ 221

情境设置也分三六九等　　　　　　　　　／ 224

容易被忽略的教学细节——导入　　　　　／ 227

教语文，我们要尽量慢下来　　　　　　　／ 230

从预设到生成，这条路究竟有多远　　　　／ 233

关于名著导读课的九条教学主张　　　／236

名著阅读三维目标之"过程与方法"　　／237

不会上作文课没关系，但不能乱来　　／240

评作文时不妨"枪口抬高一厘米"　　／243

过一种舒展的教育生活　第一辑

　　所谓的"舒展"，其实不仅仅指相貌，更多的是说一个人淡定的心境，一种生命从容的状态。

这个教师节逢着礼拜天，真好

这个教师节，正好逢着礼拜天，真好啊！

孩子们不用起早，不用着盛装，更不用站在校门口喊口号迎接老师入校了。校长们不用花钱买玫瑰，在校门口给老师派发玫瑰了。负责拍照发美篇做公众号的老师，也可以松一口气。当然了，买玫瑰的钱省下了，估计也不会在节前或节后，中餐给老师们加一个鸡腿，那多俗气啊！那些隆重的表彰大会，因为不在"正日"，所以也就能省则省了。一则财政紧张，拿不出钱来表彰；二则学校内卷太严重，校长也舍不得拿上课时间去开会，很多老师要分秒必争盯学生，不能白白浪费去做人肉背景。教师节逢着星期天，老师们就不必一边忙着上课、备课、批作业、揪学生，一边还要忙里偷闲回复那些华而不实的教师节祝福短信。星期天的教师节，老师们可以躺床上刷微信回信息，高兴回几个就回几个，高兴编发几个就编发几个。

教师节逢着星期天，家长们其实也高兴。他们不用费尽心思帮孩子准备教师节礼物了。"八项规定"禁止送礼，只好在手工、花束、贺卡等上面做文章，孩子们还要比一比谁的礼物更有创意——这也是卷——弄得家长身心俱疲。去年和前年，我都是呼吁取消教师节的。

现在来看，倒不一定非要取消，教师节就放在九月开学的第一个星期天，就挺好。只要这个星期天不补课，不安排延时服务，教师不打着"彩虹课堂"的幌子偷偷在校外上课，不去操心"小手牵大手"……让老师们安心过好这个星期天，就算是过节了。现在教师岗位很香，一个教师编制有几十个甚至几百个人争抢，争抢的队伍里还不乏清北毕业生。所以，顺势而为，把教师节取消，其实也是可以的。我们不设"公务员节"，与取消教师节，其实是一个道理。这个教师节我的计划是：睡懒觉，睡回笼觉，躺床上刷手机，早饭中饭一起吃（决定不做饭，下馆子），然后去看《奥本海默》，看完电影跟朋友们攒牌局，然后吃饭，回来洗洗睡。不读书，不码字，不备课，不谈教育，不想分数，不排名次，不忧国忧民……就这样过一个"空"节吧，挺好！

期待下一个教师节还在星期天。

啊！杰哥在下一盘很大的棋

我跟校长朋友说起某某老师，都是一顿猛夸。之所以猛夸，是因为一方面这些老师确实是好苗子，专业发展有前途；另一方面我也想请校长多鼓励老师，多给他们锻炼的机会。

常常好心办坏事。有些年轻教师，素质好，肯做事，又被教研员猛夸，于是立刻受到校长信赖、提拔，做了中层。然后呢，管理成了主业，教书成了副业。几年下来，教学水平提速放慢，乃至停滞。

有些中层或副校长来参评教学能手或学科带头人，综合表彰有，但就是缺公开课，缺优质课比赛，甚至都拿不出一篇像样的论文，很令人惋惜。

对于教师群体，领导的提拔就是一种肯定，无论喜不喜欢，很少有老师好意思拒绝。今年，我的弟子中有两位辞去中层职务，志在专心教书，但这种情况毕竟不多见。

做教研员以来，我一直在想一个问题：有没有一个渠道，可以让那些优秀的普通老师安心教书，安心钻研业务，不参与学校教育教学管理，但又能享受一些（领导）待遇？

后来，我终于想到了一个好办法。

我开始有目的地游说一些校长，怂恿他们为某个优秀教师成立校级名师工作室。作为工作室领衔人，这个老师有自己专用的办公室，且享受一定的绩效和津贴。

前年，新桥中学成立了陶映菊名师工作室；去年，青阳初中成立了张年名师工作室；今年，长山中学成立了孔卫琴名师工作室。三个名师工作室之间还建立了联动机制，真让人开心！

我算了算，还有七年退休，我的计划是，到退休前，这样的校级名师工作室，江阴初语层面建上十个。

提拔做领导，并不是对一个教师教学能力认定的唯一方式。我要做的，是为一些优秀教师努力创造一个机会，让他们在专业发展的路上，可以少做一些杂事，多做一点教学研究，能走得更远一些，然后他们又能带着一批人一起走。

当下，名师工作室多如牛毛，但我要说，我积极推动建立的名师工作室，跟大家印象中的"名师工作室"是有本质区别的。我推动建立的名师工作室，其领衔人并不是"名师"。他们没有耀眼的光环，没有响亮的头衔，也不会为自己造势，更不会拉山头扯大旗，他们就是有着纯正专业追求的普通老师。

而我想做的，其实就是通过校级名师工作室这种形式，把他们"保护"起来。

畅想一下，我退休之后，如果有闲情，到各个学校去转转，是不是会有更多的老师来跟我打招呼，给我搬凳子、倒水？会不会看着我的背影，私下议论说，这个教研员是做了一点实事的？

记得，我们两个市级名师工作室揭牌，邹凤翔局长到场讲话。她说："你们看，徐杰老师坐在下面，他是很得意的。"

应该得意啊，能够为一线老师做一点力所能及的事，还能把局长"忽悠"来参加揭牌仪式，为语文学科壮胆张目，自己顺便也得了表扬，难道不好吗？

这应该可以算是"精致利己语文"了吧。

工作第二

微信好友太多，很多时候，有些很重要的朋友圈信息，就被淹没了。前天，听朋友转告，我才得知，一个离开体制的好友，眼睛出了点问题，在给网课学生退费。我大吃一惊，连忙去查微信朋友圈，发现是真的。那一刻，我很难过，很心疼。我知道，对于一个视课堂如生命的人来说，不得不暂离课堂，肯定是十分痛苦的。常有好事者向我打听和求证，问我那位朋友卖课年收入多少，是不是网传的数百万元。我说，你去看看她的网课目录，试听两节课，你就知道，她付出太多太多，理当得到相应的回报。我那朋友工作起来可谓是拼命三郎，据她说，在体制内工作三十年，从没有一天在夜里十二点之前睡过觉。这哪里是工作，简直是在透支，在拼命。从这个意义上来讲，上天给她的回报还远远不够。那么一个热爱语文、热爱教育、为之全身心付出的人，应该享受更多来自生活的馈赠与补偿，而且是细水长流的馈赠与补偿啊！

我们爱事业，我们也要爱自己。只有先爱自己，才能持续爱事业。我们很多老师，都已经习惯把自己当作工作机器，而忘了我们都是血肉之躯。很多老师常常忘记，人生这一枚硬币，一面写着"工作"，一面写着"生活"。

上个礼拜，我的另一位朋友，丈夫动手术时，她在学校上课，是以前的一个学生做的陪护。上完四节课，她急忙赶去医院。丈夫已经苏醒，他挣扎着坐起来，挪出病床的一点空，说："老婆在学校一定很累，快躺下歇歇……"我那朋友躺着，背过身去流泪不止。我看了她这个朋友圈，气得掊她："学校少了你难道就不转了？学校少了任何一个人，都照样运转；但亲情在需要一个人的时候，是不宜缺位的。"

工作第二，健康第一；工作第二，亲情第一。这是智慧，也是勇气。

办公室是物理空间，也是精神空间

2013 年 8 月，我到教研室工作。

有个同事知道我喜欢清静，偷偷告诉我说，单位四楼开水房隔壁有一个储物间，虽然朝北，终年不见阳光，但面积小，符合办公室面积的政策要求。我就跟领导说，我想自己一个办公室，那个储物间面积不超标。领导很开明，爽快地答应了我的请求，并给移来一台旧空调，重新刷了墙。

办公桌是旧的，电脑是旧的，橱也是旧的——但我非常满意，因为这是我一个人的办公室啊！我自己买了一张大的新的书橱，我舍不得我的那些书挤在局促的角落，它们应该待在亮堂的阔绰的书橱里。我把自己喜欢的一幅字，请人装裱了，挂在墙上。那幅字占据了我办公室墙壁的最佳位置，我一抬头，就能看到它。那是刚劲有力的四个大字——谦和朴诚，我以为，做人也好，做学问也罢，这四个字，真应该是我永远的信条。

办公室后窗对面是酒店，装了一排空调外机，噪音大得出奇，我就自己请人加装了一层防噪玻璃。好了，终于安静了。

办公室需要布置。我们一生中有一半的时间，是在单位办公室度过的，所以我们要因地制宜地布置自己的办公室。要有绿植，要有零食，要有好茶……尤其是，对于久坐不动的人，必须要有一张好的办公椅。单位配的办公椅，是木质的，环保，但很硬，腰部是空的，没有支撑，坐久了腰酸背痛。我就在电商平台淘货，终于选定了一张满意的椅子。这椅子设计合理：坐久了可以往后靠靠，护腰；中午还能斜躺着午睡，护颈。一千零五十块钱，有点小贵，但一想到要在这椅子上坐十年，平均每年才一百块，每天才三毛钱，我就释然了，买！

　　单位来了几个年轻的同事，羡慕我的好椅子，他们都过来试坐，坐了，都夸这椅子好。年轻人脑子灵，他们一合计，几个人团购，趁着"双十一"搞活动，八百块就买到了。我找客服要求保价、退款，被拒后心里不舒服，所以在这里我坚决不说这款椅子的牌子，绝不给他们做免费的广告。因为德不馨，所以我不喜欢陋室。在朋友圈里标榜"斯是陋室，惟吾德馨"的，只有刘禹锡这家伙。我要想办法，把自己的办公室，弄得看上去不那么"陋"才好。装点办公室最好的材料就是书。我的办公室里最多的就是书，有些书虽然还没来得及读，但有书摆着，才显得自己是一个读书人啊。不过办公室里摆哪些书，还是要思量的，这能体现一个人的阅读品味和审美趣味。当然了，我的办公室里，专门有一块地儿，是放我自己写的书的。能用自己写的书装点办公室的"门面"，还是有点意思的，按照时髦的说法，叫"凡尔赛"是吧？这些书，我每样留二十册样书，算是"留痕"吧。它们占着办公室的有限空间，其实也并没有什么用。估计等我退休时，我也不会带它们走，可能会把它们卖给收废纸的——我的书纸质都不错，应该可以卖到八毛钱一斤。

　　办公室里还有一把给客人坐的椅子，硬板凳，但肯定不是冷板凳，欢迎你有空来坐坐啊。

过一种舒展的教育生活

暑期，我们大学同学在毕业三十周年之际，组织了一次同学聚会。

聚会，当然要拍照留念。当年的生活委员小顾，为大家定制了合影服，同学们都很满意。

我在朋友圈晒了合影，一张全体的，一张男生的。有个朋友给我留言说：你们这帮中年大叔，居然一个都不油腻，看着挺清爽，很舒展……

我们大学同班的男生，毕业之后，只有一个做了"逃兵"，那就是海门小吴。其他人都做了老师，一做就是三十年。当然，男同学当中，出了三个校长，若干副校长，还有大主任和班主任。但不管什么岗位，都在教语文——这大概就是我们对语文最长情的告白，对专业的坚守和纯粹的热爱。这是教育生活能够"舒展"的首要条件。

我们有一个同学群，在群里聊得最多的，是教育问题，鲜有家长里短，也鲜有鸡汤文的分享，尤其令人欣慰的是，我们对时势有着自己清晰的认识，绝不做哪个人的拥趸。

我们当年所受的教育，以及这三十年来读的书，走的路，观点的分享与碰撞，使得我们有了理性的思考与判断。不做键盘侠，也不做喷子，不参与基于立场的争论，拥有清醒的现实批判精神。这样的思维状态，是奇崛的，也是舒展的。

当然，群里有个同学，经常跟我们分享他们校长做的若干蠢事，我们大家就热闹起来了，群嘲。背地里群嘲一个校长是不对的，这次同学聚会，大家准备痛心疾首自我批评自罚三杯之际，那同学用沉痛的语气告诉我们：那位校长调走了……幸亏我手快，早就把那些乐事写成了小说，这是前话，不再提。

人到中年，不油腻，或者说油而不腻，还有一个重要原因，那就是单纯。我觉得，我们这帮男生，虽然肚腩大了，头发少了，眼袋重了，但大家的交往，依然很单纯，不世俗。

我的一个省级课题中期验收，得去扬州答辩，而我正好有事脱不开身，于是求助张清。他以前是老资格的教科室主任，他二话不说，用两天时间阅读课题材料，自己开车，代我去扬州，我说请他吃个饭表达感谢，他都不肯。

中良作为副校长，工作上跟我有交集。他的徒弟来参加我组织的市级比赛，中良从不在赛前跟我打招呼，而是在成绩公布之后，跑我这里来，了解他徒弟的得分情况，向我征询提升业务能力的建议。

晓泉呢，做了乡镇学校的校长，有能力有情怀，只要有个人提携一下，提职就是顺理成章的事。正好我们中文系上两届的一个师兄到了他们那儿做市委书记，有人提醒晓泉去找师兄汇报汇报工作，但晓泉一直不肯去，所以他至今还在乡镇待着。

我们的大勇，一贯的风格就是疾恶如仇，敢说敢做。当年在学校里，为了委培生的权益，他直接去找系书记据理力争。毕业后一直做到城区名校的校长，因为过于耿直，不够圆融，自然受了不少委屈。

而现在，他在海南一所学校做校长，据说老师们都很喜欢他。

小费，我们的体育委员。当年我最恨早起跑步，经常旷操，小费就毫不客气地把我的名字，写在中文系的小黑板上。后来每次跟小费一起喝酒，我都要旧事重提，怪他不讲人情。小费就老老实实喝酒赔罪。有一次，他来江阴，我们一起喝酒，他喝得有点多，拉着我的手，说：当年要是知道你我有今天的交情……我一阵狂喜，等着他说"我就不记你名字了"，谁知他打了一个酒嗝，缓缓地说："我要把你的名字用宋体加粗！……督促你锻炼身体，你现在酒量可能更大些。"

斑马，对了，当然要说说斑马。大学时，他喜欢穿一件黑白条纹的长 T 恤衫，所以大家就喊他"斑马"。早些年，斑马在乡镇学校教书，他居然能说动校长同意他来承包学校的小卖部。斑马说："钱我要赚的，但我开的是良心店。"那段时间，他们学校的小卖部是师生口碑最好的。后来乡镇学校撤并，斑马进城教书。我跟斑马说："你们县教研员跟我比较熟，要不要帮你打个招呼，让他在专业发展上多给你机会？"斑马一口回绝了我的美意，他说他知道自己做不了名师，所以不勉强自己，也不为难别人，就安心做一个合格的老师好了。我才不信他的鬼话，于是他告诉我，家里房子空着两间，亲戚的两个孩子租住在他家，他兼着半个保姆，但不是家教……

我的同学，可爱而单纯的大叔们，他们的轶事，我就不一一列举了。

说了这么多，你也许就明白了，所谓的"舒展"，其实不仅仅指相貌，更多的是说一个人淡定的心境，一种生命从容的状态。

愿读者诸君，你们一个个，也都过上舒展的教育生活。

老师，暑假旅游还是尽量不晒朋友圈吧

老师，暑假旅游，建议你悄悄地去，悄悄地回。

该看的美景，你看了，饱了眼福；该吃的美食，你吃了，饱了口福；该拍的美照，你存了，那些美好的镜头，可以慢慢回味。

只是，尽量不要晒朋友圈。

这个社会，对教师群体其实并不怎么友好，很多时候，我感受到的，甚至是敌视。

社会上不少人，是见不得老师放松几天，见不得老师休闲娱乐的。在他们的潜意识里，老师就应该是蜡烛，是春蚕，时时刻刻为学生燃烧自己。你这么大晒特晒旅游美照，无异于在他们的心里又增添几分羡慕嫉妒和恨。

我一朋友，做生意的，身价数千万，每每调侃我，说我"旱涝保收"，说"你们老师"一周才几节课，有双休日，还有寒暑假，一年中有近三个月的时间不劳而获……

我不得不跟他解释，我说，老师的工作，不仅是上课，还有备课、批改作业、管学生、整理各种资料、迎接各种检查，还要提供延时服务，以及晚自习辅导……朋友不听我解释，一撇嘴说，不是有额外的加班费吗？

我说，你羡慕，那我们俩交换吧，我去做老总，你来做老师——谁要是不愿意，谁就是龟儿子。

我都没时间旅游，只是偶尔晒晒我做的美食，我这个大款朋友就说"还是你们老师轻松啊，没压力"，这要是我再晒旅游美照，估计这朋友可能真来跟我换职业了。

我敢肯定，在拿加班费与不加班之间选择，绝大部分老师会选择"不加班"。年轻时拿命换钱，年老时再拿钱保命，何必呢！

社会上很多不明真相的人，只看到老师有寒暑假，于是眼红。他们不知道的是，老师的带薪休假，是平时超强度的工作换来的。更何况，现在的寒暑假已经缩水到令人发指的程度。

我一个朋友教高中语文，暑假还没放呢，学校就召开了新高三誓师大会，朋友被安排教高三强化班语文。朋友说，等放了暑假，带家人去云南度假，时间就选在 7 月中旬。

机票订好，酒店订好，问题来了。学校通知说新高三 8 月 1 日报到，开始夏令营。家长们不干了。家委会出面，在外面租了房，然后邀请任课老师上课——7 月 10 日开始上课，为期二十天，然后回学校参加"夏令营"。朋友恨得要跳楼，可是终究没办法违逆家委会的盛情。家委会的潜台词是：你敢弃学生的前途命运不顾而去旅游，你就别教这个班了。

有很多同行正在水深火热地补课，你有幸去旅游，你忍心晒美照去刺激他们，在他们伤口上撒盐吗？

疫情之后，很多行业不景气，这是事实。相比之下，教师这个职业还算稳定，收入变动不大，所以吸引了很多名牌大学的毕业生也来考教师编。一时间，教师这个职业显得金贵起来。

但我总觉得，隐患终究在。以苏北某地级市为例，2023年中考报名人数是八万名左右，而该地区2022年新生儿出生人数是三万名左右——这个账，语文老师也能算得过来，十二年后，需要这么多初中老师吗？

世上哪有什么铁饭碗啊！

大家拼命晒旅游美照，只会营造教师职业光鲜亮丽的假象。更多优秀的人来报考教师编制，争抢这个饭碗，必然带来内卷，未来生源急剧萎缩，教师下岗分流不是不可能的。

还是不要铺天盖地晒旅游美照吧。

祖国的大好河山，你尽情游览吧。

有些人的心态，是见不得别人比自己过得好。所以，很多时候，朋友圈不晒幸福，既是一种自我保护，也能避免对他人的误伤——朋友圈中有多少人是打内心真诚地希望你过得好，甚至比他还好的呢？

我倡导：他不晒，你不晒，我们的假期更安泰。

我是个死要面子的人

曾参加过很多回课堂教学比赛，最掉价的一次，莫过于2010年暑期的全国"四方杯"课堂教学大赛。那一次，我拿了二等奖，在参赛选手中名列倒数第二名。

懊恼，郁闷，羞愧，不服……很多的情感在胸膛里冲突、激荡，但事已至此，再怎么着都无济于事。赛后，参赛选手合影留念，我不辞而别，逃出顺德。

那年我已经四十岁了，取得这样的名次，确实很没面子。所以当朋友们问起我的赛课成绩时，我只好意思说"二等奖"，却没有勇气说"倒数第二名"。

所幸的是，时隔九年，我又一次来到顺德。这一次，我是应邀前往讲学的。其实那个时间，我本来已经有了其他安排，但主办方说这次活动在顺德，我就毫不犹豫地决定，跟成都方面爽约，答应去顺德。

我得承认，我这人不能免俗，我对当年的二等奖仍然耿耿于怀，我想用这种方式，"杀"回那个城市去。用我们老家的话来说，我得挣回那个面子。

2006 年，我曾向苏州的一所名校提交应聘材料，前往面试，但不幸被淘汰了。在此之前，我曾做过两年教师招聘面试主考官，当身份转变，自己从主考官变成面试者，而且还被淘汰，心里当然很难接受。

但这就是现实。

所幸的是，时隔三年，江苏省"杏坛杯"课堂教学大赛在那所名校举行，我作为参赛选手，有机会再进他们校园上课。那一次，我获得了初中语文组唯一的一等奖。

更巧合的是，我又一次应邀去苏州给一个名师工作室做讲座，讲座地点居然又是这所名校。我在开讲之前，微笑着跟年轻老师们说，你们知道吗，差一点我跟你们就成了同事。

多年前，我兴致勃勃地参评地区名师。笔试、讲座、上课，每个环节我都是全情投入，自我感觉也不错。到最后汇总环节，"有关方面"来电通知我们主任，说徐老师作为教研员不能参评。我赶忙解释说，我是挂职的教研员，我的人事关系还在学校呢！再问，说挂职教研员也不行。我就很生气，我说，既然说我没有资格参评，为什么又让我全程"陪跑"？

自然是没人给我答复。一气之下，我就公开声明，从此再不参评任何形式的教学荣誉。

躺平之后，头上没有好看的"帽子"，有时候确实是挺尴尬的。比如出席一些学术研讨活动，主持人介绍我，总说"著名特级教师徐杰"，我大窘，红了脸赶忙更正"我不是特级教师"；还有一次，我应邀做评委，并代表评委组上了示范课，但因为我的职称是"副高"，课酬只有那些"正高"评委的一半，签字的时候，我表面上装作很不在乎，但其实心里是羞愤的。

凑巧的是，过了一年，还是这个主办方，又来邀请我。我很不客气地问他们：你们是不是觉得，我这个"副高"物美价廉啊？他们赶紧解释，说这个国培项目外包给第三方了，学员们一致要求听徐杰老师的课。他们又说：第三方支付，这次给您"正高"的待遇。我说不行，这次得高于"正高"，他们立刻就答应了……

搁下电话，很快意，那是一种报复的快意。事后我狠狠地反思了自己，觉得自己胸襟不够开阔，小人之心，不是个干大事的人。

我承认，我就是一个要面子的人，用一个书面语就是"爱慕虚荣"。没办法，我就是这么个人，一个俗人啊。

努力读书的动机

我这个人，骨子里就是一个喜欢偷懒的人。

小时候，我只要在读书或者做作业，爸妈就绝不会吩咐我干家务，甚至还会示意全家人，说话声音小一些，不要打扰我。

在家里我最小，分给我的家务活，也就是往灶膛里添柴，或者扫扫地，偶尔出去打个猪草……但这些活我也不想干——读书比这有意思多了——于是我就读书。

我爸爸读过两年的私塾，家里有四大名著，用泛黄的粗糙的纸印刷的，厚厚的好几本。我就随手捞过来读，翻到哪页就读哪页，就这样，居然也零零散散地把它们都读完了。

家务活其实并不重，我最怕的，还是下地干农活。

我恨死了火辣辣的太阳，怕死了水田里的蚂蟥，愁死了镰刀柄在手掌心里磨出的水泡。到现在，我依然记得，掼一天麦子之后的那种腰酸背痛，睡觉时怎么躺都难受，怎么翻身都痛苦。

怎么办呢？农民家的孩子，下地干活出力流汗是天经地义的。

我实在是怕干农活啊！

于是就拿出作业本，理直气壮地说，我要写作业！

作业写完了，大人们还在田里挣命。我看看亮闪闪的太阳光，对自己说，那就读书，做摘录吧。那时，我有一个草稿本，摘录了很多的好词好句。妈妈背了一捆麦子回来，放到门口的打麦场，看到我在写字，就不再喊我去帮忙。

读初中时，教我语文的吴宗林先生，是我们村的，也是村里考出去的第一个大学生。他给我们读过他写的一篇作文，是关于村里一条河两岸的风景的，那条河叫红卫河。那河本来很普通，但在先生的文字里，却很美。

我就跟先生聊红卫河。原来，先生曾在这河边种地，还挑粪挣工分。先生说："好好念书吧，书念好了，你才能从这土地走出去。"

想要跳出农门，只有读书。所以，我就发奋读书。

我努力读书的动机很单纯，就是以后不再干这累死累活的农活。

我不要做农民。

后来，终于如愿以偿了，我考上了大学，户口终于从农村转出去了。邻居们都夸我，说我从小就是读书的料。

他们哪里知道，我那么努力地读书，只是为了不干农活，为了逃离这片贫瘠的土地。

现在，回老家看到乡邻们在打谷场上打油菜，我偶尔会上场，秀一把"打连枷"的本事。朱老师因此对我刮目相看，她大约想不到，眼前这个一贯痛恨干农活的人，怎么会熟练使用连枷这农具呢？

不管怎样，读书真是一个偷懒的好借口。就是现在，只要我坐到书桌前读书，或者打开电脑敲字，我就可以理直气壮地喊朱老师给我倒茶，给我削苹果，给我拿个靠垫……

书是用来看的

曾经遇到过一位校长，办公室里摆着硕大的书架，书架里摆着很多的书，其中教育管理、学校文化建设、教育学方面的书最多，但我总觉得，这位校长的行事做派，尤其在人文关怀方面，不像一个读过很多书的人——他对喜欢读书的老师并不友好。

我留意过该校长的书橱，发现一年多的时间里，他书橱里那些书，摆放的位置是"恒定"的，好像从未被翻动过——可惜了那么多的好书！

每一本书都是有生命的。书的生命在于，能够被懂的人遇见；能够被懂的人一页一页地读过。

一本书，如果能被很多懂它的人，认真地读过，那么，这本书的生命力便愈加旺盛。从这个意义上来说，一本书能够被一代又一代人读过，它的生命，就是永恒的。有一个粉丝，是一个学校的分管副校长，他说新学期要买 100 本我的《跟着徐杰老师来备课》。我问他，你们学校有多少语文老师？他说 35 人。我建议他当当网下单，买 35 本就够了。出于对我的信赖多买的那些书，大概率是放在学校图书馆的某个书架上，从此不见天日。我出书，并没有包销的任务，销量虽然与版税有关，但我不能接受，为了销量而亏待自己的书。我的书，每一本，我都希望能遇见懂的人，我都希望是"活着"的。有时候，也看到一些老师在公众号上晒自己读过的书，这本是好事，倘能阅读分享，把好书推荐出去，让更多的人读到，善莫大焉。但我发现，很多"晒书"的人，并不怎么晒读书心得，他们热衷于"晒书单"，一长串一长串的书单，很吓人——每每让我们这些读书不多的油腻大叔汗颜不已。最吓人的是，看过一个人物专访，常州一位名校长一年读了上千本书，我的天！在这么庞大的数字面前，我都不好意思说自己是个读书人。所以，但凡有朋友问我，去年一年读了哪些书的时候，我就很惶恐。讲真，我一年也就读个十来本书，其他的阅读，要么翻翻杂志，要么刷刷手机，太惭愧，太羞于示人。所以，前不久，我把书橱里有些不准备读的书，都拿去送人了。它们在我的书橱里给我装点门面，而我可能在有生之年都不会读它们，这不是害人性命吗？

有个小徒弟，看别人晒书单，按捺不住，也列出了一个包含六十多本书的长长书单，说是去年一年读过的书。他自己大概也被这书单感动了，很激动，把预览先发给了我。讲真，这个书单里很多的书，我都没有读过。但，我也怀疑，这些横跨中外文学、史学、哲学、美学、教育学、心理学、社会学的书，小徒弟真能读懂？真有时间全部读过？至少，从他发给我的那些论文和教育随笔的文字来看，这些书对他并没有起到什么作用。年轻人的读书积极性一定要保护，但这样虚荣浮夸的行为又不能太纵容。咋办呢？本人善譬喻啊，于是我就开玩笑说：读书，是一个人的底裤，要有；但底裤的作用是遮羞，不是拿来"晒"的。"晒底裤"，是有风险的。你想一下，别人一旦看清了你的底裤，就会去比照你的才学，然后说不定会恍然大悟似的说，这人，不过就是个"两脚书橱"嘛。这不就亏大了吗？

有温度

那天下午，我正收拾东西准备下班，陆校长突然造访。

我很诧异，忙问她有什么事。陆校长说，来发展中心办事，看到我办公室门开着，就进来看看。

我笑问：这四楼都是群众啊，你找领导办事，咋跑我们楼层了呢？陆校长说是来找化学教研员宋老师的。

我不信：校长找教研员一般打电话就行，你这么隆重做甚？陆校长说来跟宋老师商量，为赵老师筹办一个荣退活动。赵老师是我们教研室老资格的化学教研员，德高望重，不久就要退休了。

我说工作人员退休，教师发展中心会有一个欢送仪式的，也会有局领导出场讲话。陆校长说那个是官方的，要发起的这个是群众自发的、民间的活动。

"我是代表一线化学老师，代表化学学科中心组成员，感谢赵老师这么多年来，对我们的关心和培养。"陆校长说得很真诚。陆校长是名校长，更是优秀的化学老师。就在去年，她还在实验中学借班上过一节省级示范课。

要得要得！我连忙表示赞成，有这样懂得感恩的老师，相信赵老师的荣退活动会很温暖。我"不怀好意"地给陆校长出了个馊主意：建议赵老师退休时搞个"最后一课"，再弄个全国直播，这样的仪式感才能名满天下啊。陆校长知道我在损人，会意地笑了。

我说："不晓得等我退休时，会不会有人念着我的好，给我也组织一个荣退活动呢？"陆校长马上安慰我说："肯定有的，肯定有的……如果没有，到时你跟我说，我让一中的燕娟和蓉蓉来组织，她们都是你徒弟。"

"如果没有"这四个字把我逗笑了，我说，如果真没有，那就"没有"好了，到时候，我就挥一挥衣袖，不带走一片云彩。

不过，我还是感谢了陆校长的美意。接着，我不无忧虑地说，到我退休的时候，你已经退休五年了啊，一个退休老校长，不晓得说话管用不？

我们都笑起来。

是的，教育应该是有温度的。做教育的人，要有温度；做教育管理的，更要有温度。

课堂里的最美姿态

小友兴冲冲地给我发来一张照片，是黄厚江老师正在上课的截图。照片中，黄老师弯着身子，弓着腰，在跟孩子们互动交流。

我说，这，就是一个老师在课堂里的最美姿态。

一个老师在课堂上，以怎样的姿态站立，是很有讲究的。

如果一个老师，他远远地、高高地站在讲台上，那他肯定距离学生很远很远，远到他根本看不清孩子们的眼睛。当然，孩子们的心，与他的心，也是远的。

如果一个老师，他站在教室里，也站到了孩子们中间，但他是挺直了腰板的，是雄视整个教室的，是居高临下的，他把自己当作了教室里万众瞩目的唯一，只能听他说，只能他说了算，那么，在他的眼里和心里，估计就只有他自己和他的教了。

如果一个老师，他温和的目光，以及平易的姿态，有意无意地，只给那些特别优秀的学生，以"功利"的姿态示人，最是伤人。我们也要关注教室后排的学生，不说话的学生，欲言又止的学生，眼神躲闪的学生……弯下腰去，耐心地听他们说，努力帮助他们说得更好，这样的老师，哪怕你身材不高，在学生的眼里和心里，身影也一定是高大的。

在课堂上，老师的最美姿态，并不是"低声下气"的姿态，他俯下身，是为了倾听和交流，更是给师生关系注入平等的思想意识。确切地说，一个老师，在课堂上弯下腰，是为了平等对话；但仅仅弯下腰是不够的，不要忘记，我们仍然是平等对话里的"首席"，我们担负着精神引领的责任。

每次听黄老师的课，我总感觉黄老师在课堂上跟学生是亦师亦友的关系，是共生共长的姿态。

其实，平时跟我们在一起，黄老师也是这样的姿态：他是师父，也是朋友；他是引路人，也是同行者；他有一针见血的批评，也有热情洋溢的鼓励。

从 2008 年结识黄老师，跟着他学教语文，到今天已有十六个年头了，黄老师高超的教学艺术我肯定没学到多少，但他在课堂里的姿态，我也许学到了一点点的"形"。

跟着藤野先生学做老师

每读《藤野先生》，我总想，这个老师为什么能得到鲁迅先生的高度肯定，并让鲁迅先生念念不忘呢？

首先，他对鲁迅是真的好。

其次，他让鲁迅感受到了他的好。

最关键的一点，是他那"要你好"的表达方式，很好。

第一次见面，藤野先生做自我介绍，"后面有几个人笑起来了"，有什么好笑的呢？哦，原来那发笑的是几个留级生，也就是我们所说的"差生"。差生喜欢在课堂上捣乱，以引起别人的关注。藤野先生有没有当众训斥那几个留级生？有没有让他们罚站？或者把他们赶到走廊里去？……没有。藤野先生没有搭理他们，他选择了"无视"——那时那地，藤野先生关注的，是一个班级的新生，他犯不着在开学第一天，让几个留级生的发笑，影响了他和新同学的见面。

反观我们有些老师，见不得班级里个别学生的"违规"行为，喜欢当着全班同学的面，与个别差生"较劲"。其实，这样既不能达到惩戒个别的效果，更浪费了大家的时间，还可能牵连大多数同学的情绪。

我班上曾经有个学生，入学成绩 18 分，上着上着课就睡着了——听不懂，跟不上，没兴趣，可不就睡觉吗？——我从不在课堂上公开点名批评他，就让他安静地睡会儿又何妨？如果有老师来听我的随堂课，他睡，我就装作不经意间经过他的座位，用手碰碰他。他醒了，看看我，不好意思地笑一笑，坐正了，假装认真地听课。我呢，知道他其实也听不大懂，所以不为难他，从不用"突然袭击"的方式喊他回答问题。三年，我们相处得很融洽。

"过了一星期，大约是星期六，他使助手来叫我了。到得研究室……'我的讲义，你能抄下来么？'他问。'可以抄一点。''拿来我看！'"这一段话，看起来很平常，其实很有嚼头。这无非是我们老师日常盯差生的场景。我们有些老师的做法是这样的——在教室里喊一嗓子：某某，出来一下！或者吩咐另外一个刚被盯完的学生：叫某某过来！还有些老师，喜欢在教室里放一张桌子，然后把学生喊过去，当众面批作业……你看藤野先生做得多好，"使助手来叫我"，在两个人的单独空间，问"我的讲义，你能抄下来么"——如果藤野先生在课堂上，当着所有学生的面，问鲁迅道："我的课，你能听懂么？"哪怕他用了十二分关心的语气，估计鲁迅的心里也是不舒服的。

最能体现藤野先生教学艺术的，是这么一段："你看，你将这条血管移了一点位置了（指出错误）。——自然，这样一移，的确比较的好看些（换位评价），然而解剖图不是美术，实物是那么样的，我们没法改换它（提醒注意）。现在我给你改好了，以后你要全照着黑板上那样的画（明确要求）。"

藤野先生的批评艺术，在上面的一段话中，体现得非常到位。如果换一个老师呢，会怎样？在办公室里，我们是不是经常听到这样的批评：你是怎么画的？血管是这个样子的吗？你以为你在上美术课呢！我都强调几遍了，你怎么还是画错？重画，画十遍！……

　　藤野先生批评人是那样讲究艺术，表扬人却是那么直率而温暖。解剖实习了大概一星期，他把鲁迅叫去，"很高兴地""用了极有抑扬的声调"说……在这里，被表扬者能切身感受到这种热情洋溢的表扬，这也告诉我们，表扬一个孩子的时候，要不吝赞美之词，更要把你的"高兴"传递给他——仅仅传递"高兴"还不够，藤野先生还把自己的"担心"一并传递给鲁迅，而这种发自内心的真切的"担心"，才是最令人动容的。"我因为听说中国人是很敬重鬼的，所以很担心，怕你不肯解剖尸体。现在总算放心了，没有这回事。"我们这些做老师的，可曾记得，在我们的学生时代，可有哪个老师为我们"担心"过？

　　鲁迅决定弃医从文，跟藤野先生告别那一段文字，是特别令人感伤而又感动的。因为鲁迅在老师的脸上，读到了"悲哀"和"凄然"，藤野先生还给鲁迅送了照片，叮嘱鲁迅有了照片寄给他，叮嘱鲁迅时时通信告诉他此后的状况。我们知道，那时的鲁迅只不过是一个来自弱国的留学生，成绩不过中等，却能得到藤野先生如此的厚爱。藤野先生对学生的好，那是真的好。

　　我听说，有些地区有些学校，在中考之前，会用很多心思，把差生"赶走"（文雅的说法叫"分流"）。他们要么让民工子弟回原籍参加中考，要么动员差生直接去签高职或者技校。这么一来，"尾巴"小了，平均分自然就高了；平均分高了，考核的时候就好看了。有的学校甚至有意安排一些比较"狠"的老师做初三班主任，据说他们能下得去狠手，有办法"剁尾巴"，提平均分，并且因此能多拿奖项——这么一比较，藤野先生的挽留与惜别，就显得特别珍贵。

　　看看藤野先生的照片，鲁迅能"良心发现"；读读《藤野先生》，我们做老师的，也当能"良心发现"。

当年那些课改名校，如今都哪里去了

记得十多年前，中语参组织了一场"课改十年"论坛活动，我当时应邀做了主旨演讲。后来，教育部课程中心主任助理刘坚先生做讲座，在互动环节，我举手提了一个问题：

为什么，这些年涌现出来的课改名校，是后六初中、东庐中学、洋思中学、杜郎口中学，而不是清华附中、北大附中、人大附中？

在场的老师，都会心地笑起来。

刘坚先生当时是怎样回应这个问题的，我已经不记得了。课改乱象愈演愈烈，新词术语层出不穷。当年那些课改名校呢，也不过各领风骚数年而已。教育这东西，毕竟是农业，有其基本规律，一所乡镇学校，忽然之间"亩产万斤"了，这里面肯定有不为人所知的血淋淋的东西，其他学校赶过去学，大约也只能学个皮毛。

就像全国有很多学校一边骂着衡水中学，一边羡慕着、嫉妒着衡水中学的高考升学率，也有想学衡水中学的，甚至有与其联合办学的……但终究没有一个学校学得像。

说到底，那些所谓的"课改名校"，走的都不是常规路线，往往都有其非常手段，从而"异军突起"——这本身就不符合教育教学的基本常识：真正好的课改经验，应该可以被学习，被借鉴，被推广。

那么，第二个问题就来了：课改名校，为什么不是清华附中、北大附中、人大附中呢？这些学校，生源一流，师资一流，所在城市是课改专家的聚集地，却为什么没有成为课改名校呢？

是他们已经远远走在了课改的前沿？（也没见他们有多少经验发布会啊）或者是他们压根就不理睬课改专家的那一套？（先进的课改理念不是应该首先在最优质的学校推行吗）

那些名校搞不搞大单元、大概念、大情境、大任务？搞不搞项目化学习？玩不玩学习任务群？搞不搞教学评一体化？如果他们也搞的话，效果怎样呢？能不能开几次现场会，让我们乡下人开开眼？能不能安排我们基层教研员去跟岗学习，也好回来更好地贯彻新课标理念？

我甚至还建议，课标专家们可以到北师大附中蹲点，手把手指导该校语文组的老师，把"学习任务群"落地到课堂；可以到华师大二附去，手把手指导该校语文组的老师，打造出"大单元"全国示范基地。

果真如此的话，再给我们老师做新课标培训的时候，你们就不至于从理论到理论，从概念到概念。那些鲜活的来自教学一线的例子，具体的操作策略，有理论支撑又能反哺理论的课堂实践，多有说服力啊！

如果那些名气大的"附中"不肯给机会，我们江阴倒是真可以提供一块试验田的，欢迎课标专家们来指导。在这里待一个月，一个学期，一年，都可以。我保证给联系一所学校，请专家担任语文组首席指导，让我们切身感受和学习那许多的"大"理念的落地。

不过，本着教学评一体化的理念，专家所蹲点指导的这所学校，学生的语文核心素养，也要经得起同行的评议，还要参加全市学业考核"评价"。

新课标若修订，参与修订的专家们，最好也能到教学一线来亲自体验体验，这总比坐在台上，放一张又一张的 PPT，蹦一串又一串的概念术语，把老师们绕来绕去弄晕，来得实在。

谢安是个好老师

《咏雪》只短短七十余字，却饱含无穷的趣味和韵味。

文中的谢太傅（谢安），绝对称得上是优秀教师、特级教师、正高级教师、人民教育家。理由如下：

其一，学习氛围的营造。冬天，下着雪，很冷，孩子们出不去门，咋办呢？把他们召集起来，一边烤火，一边"讲论文义"，多好！"独学而无友"的后果，是"孤陋而寡闻"。作为"家长兼首席教师"，谢安把子侄辈十余人，聚到一处，"讲论文义"，其乐融融。如此，交流有了，碰撞也有了。什么叫书香门第？这就是。

其二，教学时机的把握。谢安跟孩子们"讲论文义"，一开始估计也是扯闲篇，扯着扯着，"俄而雪骤"，突然间，大雪纷飞。这就是绝佳的教学时机嘛！我们平常上课，师生对话有可能也是平淡无奇的，波澜不惊的，但优秀教师善于在这平淡无奇的对话中，捕捉那最有价值的"点"，然后挖掘、放大，使之成为一个极富张力的教学环节。

其三，主问题的提出。谢安只抛出了一个问题："白雪纷纷何所似？"这纷纷扬扬的大雪像什么？这是一个开放性的问题，答案不唯一。正因为答案不唯一，所以这个问题才有足够的"支撑力"。反观我们很多老师，课上喜欢"碎问碎答"，一问一答，再问再答，课堂很平俗。课堂上需要有"问题"，但最好是"一问能抵许多问"的主问题。《咏雪》只记录了两个孩子的回答，我估计当时的学习现场应该是众说纷纭的，只记录两个答案，是为了呼应《世说新语》极简的语言风格。

其四，课堂评价的方式。我们很多老师对学生的课堂回答，习惯于"论对错"，习惯于"比优劣"，看看谢安，他的课堂评价多么高妙啊！"公大笑乐。"什么意思？他开心地哈哈大笑，对谢朗和谢道韫的答案不予置评。在这里，要不要评价？当然要。但怎么评却是很有讲究的。要保护侄子发言的积极性，也要维护他在一帮弟弟妹妹面前的威信，又要对侄女的机敏和才智表达赞赏，怎么办？"大笑"即可，你们自己体会去。

当然了，说谢安是个好老师，他的教学成果的丰硕也可佐证。

史书记载，谢朗"少有才名，善言玄理，文词艳丽""博涉有逸才"；谢道韫"雅人深致"，有"林下之风"。同辈中的谢韶、谢玄、谢川等都很出色。而且这种家风传承两百余年，后世人才辈出，有叱咤风云的政治家、军事家，也有著名的文学家、思想家、诗人。我们熟悉的谢朓、谢灵运均出自谢氏家族。

这个家族的首任班主任兼语文老师，就是谢安。

谢安是个好老师，这一点毫无争议。

谢安要是穿越到现代，还能还原"咏雪"那一幕吗？

年轻人都不愿生孩子了，怎么可能与儿女"讲论文义"？最多是教教自家的孩子罢了。

这位名师为啥被同行孤立

雷夫·艾斯奎斯是美国的一位五年级教师，他获得过"总统国家艺术奖"和"全美最佳教师奖"，是标准的"名师"。

这两个学术荣誉，放到中国来，至少相当于"特级教师＋正高级教师"，运气好，弄个"人民教育家"的头衔也是极有可能的。

但是，在美国，雷夫却被他的同行孤立了，"娘家"教师工会也不推崇他。那里的教师工会，大约算得上是教师行业的"组织"，被"组织"孤立了，名气肯定出不来。

美国的教师和教师工会为啥要孤立雷夫这样的"名师"呢？

美国的小学早上九点上课，下午两点半放学，雷打不动。雷夫就职于一所公立学校，那所学校的孩子都来自贫穷社区，他们放学后要么面对酗酒的父母，要么四处游荡。但雷夫班里的学生，早上要提前到校，下午要到六七点才放学，他带着孩子们读书、排话剧、打棒球……相当于提供了高质量的免费延时服务。他班里的孩子享受到了私立学校的贵族学生才能享受的待遇，所以比起本校其他班的孩子来，学业水平当然是出类拔萃的。

但问题正在这里。

教师工会的负责人认为，雷夫是一个很坏的榜样。工会跟教育局签署的合同，是教师每天只工作七个小时，其中一小时还是午饭时间。雷夫这样疯狂地自愿加班，谁给他发加班费？

即使雷夫有情怀，讲奉献，但他这样做，很容易"绑架"或"裹挟"其他老师。因为雷夫的出色表现，本校及其他学校的校长很容易把雷夫作为标杆，要求其他老师向他学习，而国家和社区根本没办法支付额外的报酬，最后只能要求老师无偿付出——那是违反劳动法的。

雷夫多才多艺，自己一个人能够"包班"，他班级的孩子们能演莎士比亚话剧，还能得到近乎专业的棒球训练，这是这个班级孩子的幸运——但这根本无法复制，因为很多老师不具备雷夫的才能。教师工会的负责人说，他们之所以"冷淡"雷夫，就是担心其他校长在招录教师的时候，会对应聘者的才艺有更高的要求，这是对非名校毕业的一般教育工作者的歧视。

正因为以上种种，雷夫没有被美国教育界作为一个学习榜样广泛宣传。

教师工会没有宣传他，同行教师没有效仿他，甚至，都没有人点赞、转发他的光辉事迹。于是，"名师"雷夫在美国教育界根本没有啥名气。你说正不正常？

我忽然想到，雷夫如果在咱中国教书，校长和局长肯定把他当作"宝贝"，有了这个"先站起来看电影的人"，剧场里的其他老师肯定坐不住。

老师们"内卷"起来了，校长就好做了。

校长们"内卷"起来了，局长就好做了。

过不了多久，教育标杆就有了。

教师应该活在哪里

长沙市怡海中学为青年名师谭嘉慧老师成立了一个校级名师工作室。谭老师在工作室揭牌仪式上发言，有一句话，我觉得讲得非常好。这句话就是：教师不是活在一张张荣誉证书上，而是活在一届届学生的口口相传里。

这位年轻老师对教育的理解，比那些靠论文堆砌的"写手名师"，比那些在自己班级上课拉胯，外出讲学却牛气哄哄的"名气名师"，比那些扯着"特级""正高"旗号吓人的"招牌名师"要精准多了。

其实，顺着谭老师这个思路，还可以写出一组句子来：

教师不是活在一个个荣誉称号上，而是活在一节节实在的课里；

教师不是活在内卷的分数排名上，而是活在"人"的教育土壤里；

教师不是活在"提高一分干掉千人"的标语上，而是活在不做"帮凶"的坚守里；

……

现在，有一些名师工作室已经沦为一些名师"聚名""显名""捞名"的主阵地。更有甚者，把名师工作室当成了山头，树大旗，搞小团队，做山大王。

陕西的一个老师曾给我留言说：徐老师，我很想转发您的文章，可是我们工作室导师很反感我们转发外面名师的东西。我连忙安慰她：没事没事，你读我的文字，感觉还行，默默点个头就行（点赞都是不必的）。

名师工作室是什么？不过是一块教改的试验田，一间教学交流的咖啡吧，一群有教育情怀有专业追求的老师的"裴多菲俱乐部"，一个名师砥砺成长的修炼场。

所以，从这个意义上来看，名师不是活在名师工作室的牌匾上，而应该活在一届届学生的口口相传里。不被学生称道的名师，可能算不上真正意义上的名师。

现在，也有一些老师谬赞我为"名师"，我真的很汗颜。离开一线教学已经十多年了，这十多年，虽然从未离开过课堂，但其实，我手里已经没有学生了，那种朝夕相处、相爱相杀、成建制班级的学生。不带班，不教课，算哪门子的名师呢？充其量，只能算"游师"啊！

现在，有学生来看我，有学生发短信问候我，有学生聚会时捎带着请我同去……这都是二十年一线教书积累的"底子"，离开学校后这十多年，借班上过很多的课，可那些学生毕竟是"借"来的，不是"嫡亲"的。

国庆节放假前，我去南菁初中，看到以前的老同事老蔡、乐乐、飞燕、志文，正忙着接待毕业后回母校看望的学生们。那场景，其乐融融，让人好生羡慕！我还因此蹭到了一杯奶茶。那是回校的"嫡亲"学生"孝敬"乐乐的，她桌子上有三杯不同的奶茶，乐乐顺手分了我一杯。

做老师的，能活在学生的心中（这话说得有点像悼词，但我找不到更合适的表达了），就是名师——把"名"刻在一届届学生的心田，可不就是名师嘛！

如果退休后，你在街上遇到一个曾经教过的学生，你主动跟他打招呼，他却挠挠头，一脸茫然，说：你是谁啊？你该多尴尬！

读者诸君，教师还应该活在哪里？请您来留言续写。

如果我当校长，一定不是个好校长

每年学校领导班子调整，教育局的任免文件一份接一份下发。

总有一些新人走上校长的岗位，有些还是熟人或朋友，每每此时，我总不免怀想：如果我当初没离开学校，有没有可能被提拔为校长呢？

答案应该是明确的：几乎不可能。

原因应该也很明确：我不是个"听话"的人。

我真不是做校长的料。

如果我当校长，一定不是个好校长。

如果我当校长，第一件事，就是废除早读（含早早读）。我在一线教学二十年，最享受的是课堂，最痛恨的是早读课，尤其是冬天的早读课。

我想让孩子们睡够八小时，也让老师们能从容起床洗漱，安心吃早饭，面有菜色的女班主任们，都能化个淡妆再来上班。

如果我当校长，我会责成总务主任把食堂办好。要像抓教学质量那样，抓厨师的业务培训，不允许拿统一配送说事。哪怕是拍黄瓜，都能见厨师水平高下。

　　我还要做一个规定，允许在本校就读的教职工子女，和自己的爸爸或妈妈，在教师餐厅一边聊天，一边吃饭。当然，那些不肯享受"特权"的教职工子女，悉听尊便。

　　如果我当校长，我将专门成立一个办公室。它的名字叫"应付各类检查评比办公室"，专门收取和回复公文流转系统的林林总总的通知，专门应付各级各类检查评比。我要抽调几个老师，专门负责填报各类表格，整理各种材料。我还要教他们一份材料的多种使用，以节约他们的体力。我要想尽一切办法，把老师们解放出来，把班主任解放出来，让他们把时间更多地花在教育教学上。

　　各种各样的"进校园"活动，你们都有红头文件，进就进吧，但我绝不会下力气去执行。我会用形式主义对付你们的官僚主义。

　　如果我当校长，我肯定不会让教导主任去查教案，更不会规定多少年工龄的年轻教师必须手写教案。因为我也曾为了应付检查，抄教案通宵达旦，抄到食指关节变形，关键一点，抄教案根本没什么用。

　　我会带头进课堂，上课，听课，评课。校长的主阵地，应该在课堂，而不是在办公室或会议室。

　　如果我当校长，我会给那些追求专业发展的老师更多机会。当然，对"躺平"的老师，我也不会"逼着"他们去读书做研究。但我校的老师，必须具有最基本的职业操守，误人子弟是绝不允许的。要是有个别老师真的误人子弟，且我行我素，那对不起，我会和他一起想办法，帮他寻求更适合的岗位或单位。有些老师书教不好，是水平问题；有些老师书教不好，纯属态度问题。我们要区别对待。

　　如果我当校长，我不会在传达室设打卡机，更不会在校门口安装人脸识别系统。三流的校长才会看门房。

上课时间，你在教室，不上课的时候，学生有问题能在校园里找到你，集体活动的时候，你没有无故消失，这就够了。把老师死死看在校园里，老师临时出去办个事，还需要校长批条、传达室记录外出时长，这不是管理学校，而是管理监狱。教育人的人，绝不能让他们跪着教书。

如果我当校长，我当然会重视学生的应试能力培养。但我绝不会"死揪"。不"死揪"，可能暂时分数和名次不大好看，如果局领导在大会上报各校统考排名，我就喝茶，装作没听见。我不会为了自己的"面子"而违背基本的教育常识，更不会怂恿老师"加班加点"。我校的老师绝不允许去抢占其他学科的时间，也不允许占用学生休息和活动的时间。这样"死揪"的老师，绝对不给评优秀，不给表彰。这是导向问题。

如果我做校长，我会做这样的规定，允许学生的家庭作业"开天窗"，不会做的，可以暂时不做，等老师讲评作业之后补做。

我还会做这样一个规定：学生做作业到晚上九点半，即使还有作业没做完，也要求他们无条件停止，洗漱睡觉。家长写好文字说明，任课教师不得为难学生。有什么事情，能比充足的睡眠保障更重要？

如果我当校长，我会跟我的老师说，你们一定要记得，你班上的男生，将来是要做人家女婿的；你班上的女生，将来是要做人家儿媳的。一个身心健康、积极乐观的女婿或儿媳，比只盯着分数和名次读死书的人更受待见。如果你有女儿或者儿子，也许你能懂我这话的意思。

如果我当校长，有老师跟我讲要调动工作，我绝不会卡着不放。情感留人，发展留人，氛围留人，如果还是留不住人，那就放人家一条生路吧。签了字，盖了章，我会跟这个前同事握手，欢迎他常回来看看。如果我用校长的权力卡住人家，用"忠于学校"的绳子绊住人家，又能怎样呢？世事难料，说不定有一天，上面一纸调令下来，我倒先走了。

听完我说的这番废话，你也许就懂了：如果我当校长，肯定不是个好校长。

没提拔我做校长，我们的组织多么英明。

摘掉"帽子"，我的个人简介很寒碜

苏州大学教育学院的邱老师邀请我给新疆生产建设兵团国培班的老师们讲一天的课，在线课。因为曾经在新疆支教过一个月，我对新疆有感情，所以就爽快地答应了。

邱老师那里保存着我的个人简介，她把简介发给我，问我有没有需要添改的。我说，其他不动，在结尾增加专著一本《跟着徐杰老师来备课》。

于是，我的个人简介是这样的：

江阴市教师发展中心初中语文教研员，"精致语文"首倡者，著名的名著阅读推广人，连续两届全国中语"优秀教师"，江苏省全民阅读中小学指导委员会专家组成员，无锡市社会事业领军人才。参加全国课堂教学大赛，多次获得特等奖、一等奖。著有《精致语文》《听徐杰老师评课》《名师课堂教学细节设计艺术》《跟着徐杰老师来备课》。

睡觉前，我看看这个带点自吹自擂意味的个人简介，忽然想：个人简介本来应该是介绍某人在某个领域的成就的，怎么就被弄成一堆"帽子"的展览了呢？

我又想，如果摘掉"帽子"，我的个人简介还剩下哪些东西呢？喏，剩下的文字大概就只有这两句了："精致语文"首倡者，著有《精致语文》《听徐杰老师评课》《名师课堂教学细节设计艺术》《跟着徐杰老师来备课》。

留下来的可怜的两句话中，"'精致语文'首倡者"这一句，严格说来根本算不上"成就"，甚至连"成绩"都算不上，不过是一个语文人摇旗呐喊的"旗"罢了。也就是说，真正算得上语文教学与研究"成绩"的，就是那几本书。

但我又茫然起来，出几本书，就能算一个语文老师的成就、成绩或成果了吗？

对一个老师来讲，他的成就，应该体现在哪里呢？

教师的成就，应该是扎扎实实上好一节又一节的家常课。把家常课上好，是老师最基本的职业道德。一个名师，如果自己课表上的课都不好好上，都上不好，甚至经常翘课，都要别人给代课……那些个"帽子"于他就没有太大的意义。

教师的成就，应该是得到学生发自肺腑的喜欢。有些老师靠着狠劲死揪，拼消耗，考试成绩看起来不错，但学生对他只有敬畏，只有恐惧，甚至因为这个老师的"凶"与"狠"，挤占了学生学习其他学科的时间，磨损了学生对本学科的学习兴趣，这是罪过。一个老师如果能赢得学生的喜欢，学生由喜欢这个人，继而喜欢这个人教的课，学生毕业离校了，但他对这门学科葆有终身的兴趣……对一个老师来讲，这才是成就感。

教师的成就，应该是教出的学生都具有健全的人格。不可否认，很多老师是应试教育的受害者，但同样不可否认的是，很多老师又沦为了应试教育的爪牙和帮凶。为了零点几的平均分，为了把其他老师比下去，为了几百块的绩效，为了自己所谓的脸面……教出的学生成了学习的机器，而不是一个个鲜活的"人"。

教师的成就，应该是不断遇到更好的自己。优秀的教师不仅可以成就学生，而且能不断成就自己。在送走一届学生之后，接一届新的学生，并不意味着"回转身"，更不意味着"回到起点"。随着经验的积累，优秀的教师在面对一届又一届新学生的时候，他自己的精神世界也应该越来越充盈，他对世界和自我的认识，应该越来越深刻。

这样看来，一个教师的成就，原来并不是他头顶那一顶顶光鲜靓丽的"帽子"——退一步来讲，有些"帽子"也不过是纯正专业追求的附属品。

那么，如何客观公正评估一个教师的成就呢？是摆出几顶"帽子"，换一顶更高的"帽子"吗？长期以来，我们的荣誉评审，不就是在数"帽子"吗？很多评委，拿着放大镜和计算器，对照标准给参评者的"帽子"打分，计算出那一堆"帽子"的总值，看看他能不能得到一顶更大的"帽子"。

以我的经验来看，只看一个老师的"帽子"，有时候是靠不住的，因为有些人头上戴的"帽子"跟这"帽子"应有的含金量，并不完全匹配。

有时我突发奇想，我们在评审有些教师的"帽子"的时候，要不要，应不应该，去找找他们的学生——在籍的和已经毕业的，做一点基本的访谈？要不要，应不应该，去访访他们的校内同事，看看他的同事评价高不高？要不要，应不应该，去问问市外省外的业内同行，考量一下他的学术影响力？

　　打住打住，不能再多说了，再多说，就会有人怀疑我这样说的动机——是不是出于嫉妒了。有些"帽子"别人喜洋洋地戴着而我却没有，还有些人的"帽子"比我的大，比我的高，比我的靓。

　　我离开教学一线，在教研员岗位上已经干了十年。作为一个教研员，我的成就如果不在"帽子"上，那应该在哪里呢？

　　应该是，因为我的工作，很多年轻教师得到了更快的专业发展；应该是，在我退休之后，还有老师能时不时地想起我，在聊到我的时候，能有老师情不自禁地说：他曾是我们的好队长。

　　那，应该是我赢得的最好的"帽子"了。

做生产队长，不做旗帜

前天有个老师问我：徐老师，你在江阴做教研员，为什么不在江阴倡导和推广你的"精致语文"呢？

我笑笑，告诉她：在江阴，我只做生产队长，不做旗帜。

生产队长，首先得下地干活，站在田垄上指手画脚，是没人听的。我做教研员之后，从不在本市的公开场合宣讲"精致语文"，甚至刻意回避"精致语文"这四个字。但我坚持"每周一课"；到学校教学督导时，也常常挽起袖子去上课；全市的教研活动，我在做活动计划时，也会"以权谋私"给自己安排一节课；我开发新课，常常把备课、试上、优化的过程，呈现给老师们看。

"精致语文"的理念，不是挂在嘴边、打在讲座 PPT 上、写在论文里的，是渗透在一节一节的课中。你的课与你倡导的理念是相融的还是"两张皮"，应该让你的"社员"自己去看，去评，去学。

生产队长，要始终明白：自己所从事的是农业生产。课堂教学是农业，所以要努力追求"共生"的生态；教学研究是农业，所以要把研究的根，深深地扎进课堂的土壤；教师培养也是农业，必须经历风雨洗礼，经历岁月打磨。

教师专业发展，我从不妄图"速成"。关于骨干教师培训，2014年初，我邀请黄厚江老师在江阴设立工作站，一期、二期、高研班，每期两年，高研班学员从一期、二期学员中选拔，不着急，慢慢来，直到去年才开始批量收获，三名学员同时获评大市学科带头人。我带的江阴初语优青班，从 2019 年底开始，两年时间就做一件事——读书，打底子；本学期才进入"教学设计"研训，计划持续两年；然后才进入课堂教学实战"磨课"……我跟分管领导说，这个优青班是为十年后的江阴初语培养骨干，那时，我该退休了。

陈主席来发展中心检查工作，两次问我：什么时候你们初中语文能有老师评"特级教师"？我每次都说，慢慢来。这个证书真想速成其实也不难，怎么操作我也很明白，上头的评审专家我也认得几个，但我不愿意那样去做。

瓜熟蒂落，是农业现象，也是农业生产的规律。

生产队长，除了自己带头下地，还要能带着社员探究"科学种田"。刀耕火种是落后的农业生产方式，科学种田才是与时俱进。今年是我做教研员的第十一个年头，我越来越感觉到，评课虽然是教研员的主要工作之一，但它并不是最有效的教学指导形式。

参与老师们的备课，在一节课的孕育阶段着力，做好优生优育工作，比孩子生下来之后再去会诊遗传病更有价值。

所以，疫情防控期间，我开设了"徐杰老师的备课室"，手把手带着年轻老师去备课。本学期，我还把江阴市初中语文三个年级的备课组组长集中起来，线下分批次进行"集体备课"。最近两年来，我参与和指导的备课一共有三十场次。

一个好的生产队长，还需要有点"为他人作嫁衣"的精神，成全别人，也是在成就自己。只要有了这点精神，就是一个纯粹的人，一个（　　）的人，一个（　　）的人，一个（　　）的人。

来来来，填空了。全部填对，说明你对教材很熟。

当然，生产队长并不是不要旗帜。

只是，他的旗帜，不是口号，不是头衔，也不是本本……而应该是那沉甸甸的稻穗。

秋天的原野，金黄的稻穗一望无际，是丰收的旗帜，在风中起舞。

此刻，生产队长，他坐在田埂上，抽着烟，他的目光是如此的沉静而深邃。他，就是这一片稻田的守望者。

一天说了四回"不"，这个男人忒没劲

不知怎的，就在今天，我居然连续说了四回"不"。说的时候倒也爽气，用《水浒传》里李逵的话说就是"吃我杀得痛快"，但晚上回来，躺在沙发上，想想还是有点不安。难道是我出了什么问题吗？

第一个"不"，是拒绝领导的美意。

领导发短信给我，说我们分到一个省级骨干教师培训名额，主题是关于"双减"背景下的初中语文作业设计，要求脱产去省城培训一周。

我回复说，语文学科的书面作业，做减法就够了，把书面作业减下去，多读书，读好书就行了，还需要怎么设计？而且，"双减"前后，都有作业，老师们布置作业的思路和方式，不会有多大变化。评价体制不改，作业能怎么改？这样的"应景"培训，我推荐谁，就是在耗费谁的时间和精力，被推荐者不会感激我，只会怨恨我。

最后，我没推荐人；领导呢，也没有为难我。

第二个"不"，是拒绝某杂志社的约稿。

这几年，我因为不参评任何学术荣誉，不用发论文，所以跟杂志社的关系就不怎么热络了。

这大约也是我直接说"不"的勇气所在。

一个负责同志跟我约稿，说明年三四月份，新的课标要出来了，约我写一篇关于新课标解读的论文。

我说，我不写。

一则，新的课标我还没看到；二则，等新课标公布，会有一大堆的专家、学者、名师，一哄而上去写新课标解读，那时会出现一大堆新名词，而这些新名词，最后都会落到一线老师头上，老师们会接受一轮又一轮的新课标新名词培训，折腾啊……

我就不凑这个热闹了。

第三个"不"，是拒绝一个老师"赠书"的请求。

这个老师是我的粉丝，他今天发短信给我，想要我赠一本书。

我说，我的书，一般不送人。

想了想，我又说，除非你拿东西来换。你可以写我的一节课的课例品评，可以写一篇下水作文，也可以写我的某本书的书评来换。本来还想说，可以拿你们当地的土特产来换，想了想，没说。

第四个"不"，是拒绝一个老朋友盛情安排的饭局。

今天，应邀去老朋友的地盘，给他的团队做了一个讲座《一线老师如何做课堂教学研究》。

讲座结束，天色尚早，老朋友客气，非要留我吃了晚饭再走。我知道，他还会喊一帮人陪同，可能还会请一两个领导来撑场子。我说，不了不了，我现在真是怕饭局呢。

我尤其不想和一些教育官僚坐在一桌吃饭，既浪费时间，也影响心情。一定不要把自己的时间耗费在不相干的人身上，这是我在五十岁以后才悟出的人生真谛。

其实，我本来想跟老朋友说，就我们两个人，找个苍蝇馆子，点两个家常菜，温两角酒，切两斤熟牛肉。忽然想到，我已经戒酒了，让老朋友一个人喝，估计也没啥意思，算了，走吧。

写完以上文字，我深感愧怍。

一天之中，连说了四回"不"的中年男人，是不是忒没劲？

一文说清教育"内卷"

所谓的"内卷",就是"非理性的内部竞争",指同行间竞相付出更多努力以争夺有限资源,从而导致个体"收益努力比"下降的现象。我想,能不能用更通俗更形象的语言,说清教育系统的"内卷"?

一

某小区,有三户人家,他们的孩子从幼儿园到小学,都是同班同学。三个孩子的妈妈,就成了闺蜜。她们轮流接送孩子,放学后,三个妈妈坐在小区运动场边的凳子上,看孩子们嬉戏;星期天,就结伴去公园野餐,或者周边城市旅游,日子宁静而恬淡,一直到五年级。

张姓小朋友率先报名参加了一个奥赛辅导班,这个班直接面向市内一所名校的招生面试,据说入选率很高。李姓小朋友的家长听说后,托人找关系,找区内公办初中名师一对一辅导,目标是两年后进实验班。王姓小朋友的妈妈刚开始比较沉得住气,但看到张姓和李姓小朋友,双休日不再出去玩,而是背着书包去上辅导班,她连忙给孩子报了个校外辅导班,想想不踏实,又给孩子报了作业帮和猿辅导的网课。

然后，三个妈妈再也难得一聚了。

二

赵老师从区县调动到市区学校，她感觉很有压力，怕自己班学生考不好，怕同事看不起，怕家长投诉……好在赵老师肯吃苦，她每天早上比其他老师早到校，中午不休息，抽空盯学生，有时候课间十分钟，她都能见缝插针捉个学生来默写单词。

月考成绩出来，赵老师班全年级第一，遥遥领先第二名。在质量分析会上，分管副校长热情洋溢地表扬了赵老师，并邀请班级成绩最后一名的钱老师发言。钱老师感觉难堪，会议一结束，钱老师就冲进教室，留五个孩子个别辅导。钱老师跟老公说，以后每天回家可能都要晚半小时。

第二次月考，钱老师班成绩赶上来了，孙老师班垫底，同事们发现，孙老师开始急吼吼盯学生，还偷偷跑文印室，给自己班学生加印讲义。

备课组看起来仍然一团和气，但每个人都在暗中使劲，不敢放松任何一分钟。

三

一中和二中，是城区最好的两所学校，办学质量和升学率也都不相上下，长期以来，两所学校各自在施教区招生，相安无事。

有一年，二中新来个校长，向教育局提出开办课改实验班，其实就是重点班，并且到区外的小学去摸底，发现特别优秀的孩子，就承诺进实验班，这样就"掐尖"了一批本应该去一中读书的好苗子。

一中校长一看不妙，立刻打着"办人民满意教育"的旗号，开设晚自习，老师们轮流进班辅导。家长们正为辅导孩子作业鸡飞狗跳呢，学校就包办了课后作业辅导，还不收钱。于是，一中就吸引了很多学生去"借读"。

二中的新校长工作作风比较细腻，事事要留痕。比如每周一的升旗仪式，必须阵容整齐，然后抖音、美篇、公众号一齐上，校长讲个话，也是全文转载，然后全校老师纷纷点赞转发……二中的声誉日隆。

一中校长不得不紧跟其后，也狠抓"精细化管理"，比如要求备课组、教研组开展教研活动，必须有详尽的文字材料和图片，发展到后来，月考开个质量分析会，也要拉横幅，做背景墙，校长、副校长、教导主任、年级组长在主席台正襟危坐，开会前还要奏国歌……为此学校专门成立了隶属于校长办的宣传处，一个写作班子专门负责学校形象宣传。

上级在全市校长大会上表扬了两个校长，并号召其他学校向一中、二中学习。于是，区域内的学校都开始提供延时服务，开设晚自习，有些校长还把晚自习的时间切分精准到分钟，把考试学科的老师派到各自班级去，有些老师刚开始只是看看纪律，答答疑，后来看有老师在上课，于是不想吃亏，也开始上课。

四

某市领导到任不久，发现当地经济疲软，振兴乏力，于是就把工作重心转移到教育，他不好意思直接说要提高高考升学率，便以"提升办学质量"的名义，一周数次到教育局调研，然后大刀阔斧地撤换了一些校长。

　　"抓高考质量"成了所有高中校长的当务之急。大家各显神通，挖掘潜力。晚自习从九点半被延长到十点、十点半；学生的周假变成了双周假、三周假、月假；有的校长去衡水取经，回来第一件事就是缩短吃饭的时间，学生必须奔跑去食堂才行；也有校长把高三年级的大课间活动时间（二十五分钟），交给数学老师去管理，据说能做一道综合题……

　　大家就这样，互相参照，互相学习，没有最好，只有更好。

学习袁隆平，把研究的根深深扎进课堂的土壤

袁老走了，全国人民都在深切悼念他。

我看到一篇文章中袁老对自己的博士说的话，很有感触。这段话是这样的：放下你的电脑，电脑很重要，书本知识很重要，但电脑里种不出水稻，书本里种不出水稻，你必须到田里去，我不接受不到田里的学生。

袁老是这么说的，也是这么做的。一直到去世前一年，袁老还坚持工作在海南的水稻基地。他一辈子都在田间劳作，他把自己活成了一株水稻。

这株水稻，是丰碑。

我们教育工作者，也要学习袁老的这种"在稻田里做研究"的精神，把我们研究的根，深深扎进课堂的土壤。

对绝大多数一线老师来讲，最有价值的研究，是课堂优化研究，就是数十年如一日，坚持研究如何"上出好课"。

上出好课，是我们的天职。

论文是重要的，课题也是重要的，能出版专著当然更好，但是，这些所有的研究成果，都应该从课堂实践中来，再作用于课堂实践中

去。就好像语文课，应该牢牢坚持"在文本中来来回回地行走"，任何离开文本的架空分析或者高大上的文化批判，都是不切实际的。

教育工作者研究的"文本"，应该是课堂。

上个礼拜，我给一位语文老师赠送了一本签名书，这位老师读过很多书，文笔也很好，写的文章屡屡发表在核心期刊。但我看过她的教学设计，说实话，与她写的论文的质量并不匹配。

在我们身边，或者视野所及，这样的"写出来的名师"，其实也还不少。我所敬慕的名师，是那种既能写出好文章又能上出好课的老师。

如果能把一篇篇好文章，"转化"为一节节好课，这将是一种最为美好的呈现。所以，在我的新书扉页上，我很慎重地写了这样一句话，既是勉励这位老师，也是勉励我自己。

袁老对水稻的研究，一直没有停止过，他一直都在研究的路上。

我们国家的水稻亩产量，在五十年代只有 400 公斤左右，经过袁老的研究改进，2014 年试验田亩产 1026.7 公斤，2017 年达 1149.02 公斤，已经是五十年代的三倍之多。

但袁老并没有停止他的研究。

2021 年"杂交水稻双季亩产 3000 斤"崖州湾科技城坝头村试验田，测产通过。

袁老说过他有一个梦："我做过一个梦，梦见杂交水稻的茎秆像高粱一样高，穗子像扫帚一样大，稻谷像葡萄一样结得一串串，我和我的助手们一块儿在稻田里散步，在水稻下面乘凉。"

我们做老师的，也要像袁老一样，永不停息我们追求的脚步，努力把课上得更好。

课堂是有缺憾的艺术，所以，我们的课堂就有了无穷的优化空间。任何一节课，你只要持续打磨它，你就能上出更好的课来。于漪老师说："一辈子做老师，一辈子学做老师。"也是这个道理。

然而，我们也看到，有些名师，在课堂教学上，曾经取得了一些成绩，用这些成绩"兑换"到一些荣誉之后，他们就不思进取，心安理得地享受起奋斗的成果，有的脱离一线教学，不再带班，不再兼课。这不得不说是一种巨大的人才浪费。

袁老，他用一颗种子改变了世界，我们做老师的，如果能不断研究好课，上出好课，那么我们的学生将因为我们的教学而终身受益。

我们不能改变世界，但我们可以影响一个又一个孩子的世界。

做到这一点如果很难，没关系，那就让我们从"少上烂课""少上弱课"开始努力。水稻的增产研究，也是从减少秕谷起步的。

名师是怎样炼不成的　　第二辑

　　再高明的猎手，也不可能同时追到两只兔子。课上得好的，未必能成为好的领导；领导做得好的，未必能成为某个学科的首席教师。在自己擅长的领域做到极致就可以了。

我是教研员，也是最特别的备课组长

备课与上课，是一个老师教学生涯中最重要的两件事。这两件事之间，是条件关系，也是因果关系。每个老师都知道备课的重要性，但很多老师对备课的投入，是很不够的。

我曾经做过一个调查：一个老师，假如一天的工作时间是八小时，一般情况下，怎么分配使用。其中有两个选项的数据，值得深思。"批作业"在工作时间分配中所占比重最大，占62%，而本来应该占比很大的"备课"，却只有12%。也就是说，很多老师每天用在备课上的时间，平均不足一小时。

批作业，揪学生，以及填表格、做材料、统计数据、网上答题等，挤压了备课的时间，老师们又怎么可能有更多的时间读书、思考、做研究呢？

备课，是一个良心活。你可以用一周备一节课，也可以用一小时备一节课，还可以用一刻钟备一节课，甚至，有些老师不备课就敢去上课。

因为教研员的工作需要，我常常到学校去检查老师们的备课笔记，也常常检查备课组的集备记录。从资料来看，我们老师在备课上是舍得花时间的；但从课堂效果来看，有些老师的备课质量还有很大的提升空间。

于是，我开始重视备课的研究。

每年，全市的备课组长培训会上，我都要反复强调关于备课的"十条建议"。

第一条：于漪老师说她一辈子都在学做教师，这句话延伸一下，就是，一个老师一辈子都在备课。——一个语文老师，他平时的阅读和思考，都是在备课。

第二条：教案是预案，不是结案，备课还有很重要的一环，那就是"二次备课"。——着眼于课堂优化的教学反思，就是二次备课。

第三条：一人主备，集体共享，这不是真正意义上的"集体备课"，真正的集体备课，有主备人说课，也必须有组内讨论。——集体备课的素材，最多不过是框架，使用的时候，一定要有上课者的个性化处理，这样的后期处理，也是备课。

第四条：备课时，预设的环节不宜太过紧凑，内容不宜太过丰满，那样会束缚课堂的生长空间。——语文课，应该是"慢慢走，欣赏啊"，环节太多，就成了"赶集"，老师不断催，学生拼命跑，下课了，啥都没留下。

第五条：备课时要处理好"轻重缓急"，处处是重点也就没了重点，只要做好选点突破，可以"不及其余"。——面面俱到是备课的大忌，什么都想教，必然什么都教不好。不贪心，"一课一得"就好，很多节课上的很多个"一"积累起来，就是二，就是三，就是万。

第六条：备课时要关注教学环节之间的逻辑关系，最佳状态是"连皮带肉地生长"（黄厚江语）。这好像是登山，一级一级向上走。

第七条：备课，应该备"各种可能性"。——如果我们只预备了一种可能性，那我们在课堂上评价学生的课堂活动时，就很难做到游刃有余。我们甚至要做好"启而不发，问而不答"的准备，这也是一种"可能性"。

第八条："课堂活动设计"应该是备课的核心环节。——很多一线语文教师缺乏"活动设计"意识，他们常用的方略是"提问题，找答案"，于是"碎问碎答"就成了语文教学的顽疾。

第九条：备课要关注"教"，更要关注"学"。——所有的教，都是为学生的"学"服务的。备课过程中我们要更多地换位思考：我如果是学生，在这节课上我能学到什么？

第十条：备课中，固然要预备"结论"，但有比"结论"更重要的东西，那就是探究结论的过程。——教师课堂上如果把"过程"做足了，有了结论，也培养了能力；反之，如果只追求结论，那结论就是一个死的东西。

对初语骨干班学员，我的备课要求就更高了。我要求我的团队成员，在做好家常课备课的基础上，要有"不计成本的备课"。

所谓的"不计成本"，就是花费一天、几天甚至数周去备一节课直至达到预期。

比如，我为了上一节《西游记》导读课，把《西游记》原著来来回回读熟，用了一个月的时间。等到了备课做课件，也就一个小时搞定。但不能说，备课只用了一个小时，那得把一个月的读书时间一并计算进去。

我也有过为了上一节课而读一本书的经历。曾经参加大市教学能手评比，抽到的课题是刘亮程的《城市牛哞》，准备时间两天。初读文本，人整个就蒙了。这样的语言风格从没遇到过，怎么办？我就立刻冲到新华书店，买了《刘亮程散文选》，用了一天半的时间读完，然后花费半天时间备课。最后的课堂展示环节，我毫无悬念地通过。

我还有过了上一节课，读几本书的经历。苏州徐飞老师约我上《红星照耀中国》导读课，我就把人民文学、人民教育、长江文艺三个不同翻译版本的《红星照耀中国》都读了一遍，并且把"比读"活动放在了导读活动中，效果很不错。

我常把这个经验告诉给我的弟子们。有人要上《记承天寺夜游》，我让他先读《苏东坡传》；有人要上《端午的鸭蛋》，我让他先读汪曾祺的《美食人生》……

备课的研究，离不开"一课多案"的实践研究。

从不同的课型选择、不同的教学内容选择、不同的课堂活动设计等角度，对同一篇课文进行多个教案的设计，这很能锻炼一个老师的教学设计能力。

《五柳先生传》我先后设计了三个教学方案；梁衡的《夏感》，我有四个不同的教学设计。有过这样的体验之后，我就明白了，备课研究，不仅要研究"怎么教"，更要重视研究"教什么"，尤其是要研究"怎么教更好"。所以，我常常让我的弟子们"同课异构""捉对厮杀"，有时也让他们自己"左右手互搏"，设计一课两案乃至多案。

统编新教材使用之后，很多老师对教读课和自读课这两个课型不甚明了，我就做了这件事：选课文《台阶》，先上一节教读课；换一个班，再上一节自读课。这其实是对"一课多案"在课型上的细化研究。

我在组织"教学基本功大赛"时，有时候也喜欢拿一个文本，要求参赛老师写两套教案，一教读，一自读。老师们说，这很折磨人，也很考验人。

前年，我组建了江阴初语优青班，自任导师，学员都是才工作两三年的青年才俊。

我手把手教他们备课。从文本研读开始，探究"写了什么""为什么写"和"怎么写"；然后，讨论"教学内容的选择"，分享"课堂活动的设计"……我就是他们的"备课组长"。

渐渐地，我们集备活动的口碑越来越好，江阴本地很多初语老师主动加入进来，最多时有 256 人同时在线备课，我自然是他们的"大备课组长"。

再后来，外地的语文同行听说了"徐杰老师的备课室"，也积极加入，我们集体备课的规模就更大了。参与人数最多的一次，是集备《回忆鲁迅先生》，有一千多人同时在线参与，我可能是全国最大的备课组的组长了。

做这样的备课组长，很苦，很累，但很有成就感。

我是教研员，也是最特别的备课组长。

在这一次又一次的集备中，我自己在成长；同时，我也参与了青年教师的成长，和他们一起见证一节节好课的孕育。

请体育老师来教教语文老师

不少语文老师在课堂上比较重视教师的示范作用，这是好事。因为老师的示范，既是教学凭借，也是教学资源。示范得当，可以达到"一石激起千层浪"的课堂效果。但我也发现，很多时候，我们语文老师的示范做得并不科学，也不甚合理，我们可能需要向体育老师学学怎么示范更好。

为了学生更好地学习，而不是"炫技"

譬如教学"三步上篮"，体育老师明明知道自己的动作比学生的标准，明明知道自己的投篮比学生的到位，但是，他们不会把体育课当作自己展示体育素养的舞台，更不会放台音响在旁边，配乐示范投篮……他们知道，体育老师投篮命中率高，是本分。老师的本事，拿出来炫，没什么用。体育老师要做的，是教会学生"三步上篮"，是教会学生打篮球。反观我们有些语文老师，朗诵水平高的，一定要安排一个"配乐朗诵"，惊艳一下课堂，赢得学生的掌声；写作水平高的，非要自己写上一段，动情朗读，把学生的写作比下去才作罢；口才好的，往往跟学生抢风头说话，不把学生说的话美化到"诗意""文采"的高度绝不罢休……以上种种，用我的一点"阴暗心理"来揣测，就是老师在"炫技"。

体育老师的示范，不会凭空而来

上课伊始，学生课文没学习，知识未理解，我们有些语文老师就假装民主，询问学生"要不要听老师把课文读一遍"。学生当然懂得"配合"，齐声高呼"要"。于是老师开始配乐朗读，读完，学生掌声响起……冷静下来想，这样的示范，并没有参与到学生的学习过程，只是一种先入为主的音韵印象的灌输，学生进行的只是一种朗读技巧的机械模仿。体育老师的做法要聪明得多，比如教立定跳远，他们一般不会刚上课就先示范跳，然后让学生模仿，或者让学生分析老师为什么跳得远……他们会先讲解立定跳远的动作要领，然后喊几个学生出来，让他们尝试着跳，其他学生评价，评价的学生再来跳，如果还是不行，老师会果断"出手"，亲自示范……

这里，体育老师不是把示范前置于学生的学习活动，作为机械模仿的对象，而是放在学生的学习过程中，解决学生学习过程中遇到的问题。

体育老师一般也不会有"马后炮"式的示范

一位特级教师上作文课，对学生进行细节描写训练。学生甲、乙、丙、丁分别展示自己的写作片段，老师进行评点，指出问题。我以为接下来应该是学生二次修改优化自己的作文，却未承想，这位特级教师选择展示自己的作文片段，然后又颇有几分自得地开始朗读自己的作品。在评课环节，我对此提出了自己的一点意见。这位老师不同意我的观点，说："我这是在给学生做示范。"我当时也没有客气，说："您有见过体育老师教跳远，在学生参与跳远训练活动、发现问题之后，老师不让学生再次练习、内化，而是赤膊上阵示范的吗？"我当时想表达的意思就是：示范最好出现在学生的学习过程中，而不是在学习过程的"尾巴"上。滞后的示范，对改进学生的学习帮助不大，反而会削减学生的自信。当然，我也见过一个语文老师在诗歌欣赏课上喊一个学生朗读。这个学生读得非常好，意外的是，这个老师非要自己再示范一下，结果还不如学生读得好。所以，示范有风险，用之需谨慎。

体育老师在示范之后，
一般都会有跟进式的优化训练

我们有些语文老师，在示范之后，在收获掌声之后，在收获学生仰慕的目光之后，相关的学习活动就宣告结束，然后开启下一个阶段的学习活动。这样当然也可以，不过，我以为具有"生长性"的课堂，示范应该是一个生长点，在此基础上顺势"长"出新的学习资源。

体育老师的做法值得我们学习。他们但凡有示范，必然有跟进式的训练，甚至在跟进式训练过程中，会根据需要反复穿插示范和讲解。我从没见过哪个体育老师，在体育课下课前三分钟跟学生说：老师来示范一下这个动作……

　　我们的语文老师能不能在示范之后，也跟进一下呢？在调侃"你的语文是体育老师教的"时，我们的语文老师是不是也可以去看看人家体育老师是怎么上课的呢？要不哪天"你的语文是不是体育老师教的"这句话不再是玩笑，而是一针见血，多尴尬啊！

板书不宜"用力过猛"

有个一年级的语文老师，上一节公开课，课一般般，板书却弄得精美之至。连我这个标榜"精致语文"的人，都自愧不如。与之一对比，我感觉自己的板书，太丑了，简直是丑得不能见人啊。但，我得为自己辩护几句。我的字虽说是丑了点，也没有精美的插图，但我花在板书上的时间却省下来了，这使得我有足够的时间去倾听学生的回答，及时做出合理的评价。我绝不会把学生晾在一边，用屁股对着学生，把宝贵的课堂时间，拿来展示自己的绘画水平。一个语文老师，一定要有这样的文化自信：用语文的方法教语文。图画可以有，但图画只能是一个陪衬，一种辅助，决不能喧宾夺主，更不能为了画出精美的图画，而影响语言文字的学习活动。我们最要警惕的，是"招进来女婿，气走了儿子"。

回头再说说语文老师中的那位画图高手。练就这一手本事，也是不容易的，公开课上小露一手，比如画个简笔画，作为不动声色的才艺展示，给评委一个好印象，多拿几分也不是不可以，但如果把这一手本事炫过了头就不好了，过犹不及嘛。

我做评委的时候，对板书是有要求的。参赛老师的字可以丑，可以比我的字还丑，但是他的板书只要是凝练的、精准的、重点突出的、与课堂活动一起慢慢生成的，这一项，我肯定给高分。那些花里胡哨的、喧宾夺主的、满满当当的、主次不分的……哪怕你是张大千的传人，我也照样不买账。

有些"积极性"，就是拿来打击的

推文《板书不宜"用力过猛"》，引来不小的争论。

有争论不怕，这个世界不能只有一种声音。更何况，有些读者就是奔着留言的"吵架"来的。

批评我字丑的，批评我罔顾不同学段要求的，批评我证据不严谨的，还有批评我譬喻不合理的……我都没意见。只有一条批评，我看了有点不舒服。留言者批评我：你作为一个长者，如此严厉批评一个年轻教师，会打击她的积极性。

我回复：有些老师的课观有问题，方向偏了，越积极就越坏事，必须打击。

教室里明明有两块书写板，一块电子白板，一块黑板，白板就可以呈现精美的荷叶图画来进行形象思维训练，那老师偏偏弃之不用，反而在黑板上大费周折，这就是典型的"用力过猛"。

我批评板书的"用力过猛"，想想应该没啥争议，没承想却引起这么大波澜，有些老师是没读懂我的文章，但有些老师确实是课观有问题，打击一下"积极性"，以正视听。

有个小徒弟，参加过几次区县级的课堂比赛，是个好苗子。我发现她时不时地就按捺不住，羡慕别人上课、拿奖、出名，我就一直提醒她，要耐得住性子，要坐得住冷板凳，多读书，多思考，多积累。

前不久，她又坐不住了，兴致勃勃要报名参加区里的赛课。我不是很支持，小徒弟很不理解：参加比赛能锻炼人啊，能提高业务能力啊！

我说：赛课是对你一段时间教学研究与实践积累的检验，一颗果子还没成熟呢，就急吼吼拿出去跟别人比大小，这果子还能好好成长啊？

小徒弟不服，说：师父你不是从赛课里杀出一条路的吗？你不参加比赛，那特等奖、一等奖从哪里来呢？

我忍住没发火，耐着性子说：我三十八岁之前几乎没参加过区县级比赛，三十八岁第一次参加全国赛，一出手，就拿了初中组唯一的特等奖。

教书的本事，是平常一节课一节课"喂"出来的，肯定不是赛出来的，比赛只是把那些有积累有功底的老师挑选出来而已。

"再说了，你们那个区，是地区教育的洼地，削尖脑袋去参赛，无非是在一堆萝卜里挑个稍微大点的出来，有意思吗？"

看！我就是这样不近人情，净打击年轻人的"积极性"。

有个老师朋友，刚提了副校长，又被组织上推荐参加地区的名师后备班，正是春风得意、志得意满的时刻。前不久，他前往某地跟岗学习。据我所知，那个地区盛产名师，积累了一整套"速成"名师的经验。其中有一条，就是在导师帮助下，先提出一个靓丽的"教学主张"，然后围绕这个"教学主张"，写论文，做课题，出专著，拉几个大佬站台，开"某某老师教育思想研讨会"。这个方法很有效，有奇效，确实能确保某个老师在最短时间内评上特级，评上正高——但这样速成的名师，在其专业领域几乎没什么"名"，有的人，在本县甚至本校，专业能力都得不到同行的认同。

我那位老师朋友，几场报告听下来，就像打了鸡血，觉得自己评特级也是指日可待了。他就急急忙忙把他的"教学主张"发给我，兴致勃勃地希望得到我的指点。

我毫不客气地问他：你能拿得出多少节好课，来支撑你的"教学主张"？他老老实实地回答：不多，也就五六节吧。

我就继续不客气地挪揄他：那你胆子蛮大的嘛，就这几节好课，还敢标榜什么"教学主张"？！

我这位朋友不服气，辩解道：我先提出一个教学主张，然后作为努力的目标，怎么就不行呢？

我说：我们前辈的很多语文大师，叶圣陶啊，张志公啊，他们已经提出很好的教学主张了。我们后辈承继，先好好践行他们的教学主张，能做到这一点就很不错了。你现在另起炉灶，另扯一面"教学主张"的大旗，说到底，还是私心作怪，名利之心太急的缘故。

为了加大打击他这种"负面积极性"的力度，我在朋友圈发了个"静夜思"——没有好课支撑的"教学主张"，只是吹了气的猪尿泡，看起来庞大，其实很空。

有乡村生活经历的老师可能都知道，这猪尿泡，吹了气，膨胀开来，看起来确实够大，也皮实，可以当球踢，但其本质上是空的，而且还有一股子骚味。

打嘴炮没意思，咱们要不要约个课

有好几个朋友，将某公众号批评我的一篇文章，发给我。

他们，有的是出于关心，有的是出于好奇，也有的是纯粹想看掐架，看热闹。

掐架多好玩啊，尤其是语文人之间的掐架。一般先是争概念，然后论逻辑，最后可能就上升到人身攻击了。反正，这可比阿Q和王胡的掐架好看多了。

语文教学这东西，吵来吵去，吵到最后，肯定是一地鸡毛。如果不是一地鸡毛，也不过是一嘴毛。

我不想回应。

你觉得大概念大单元好，你就去玩大概念大单元，我又没拦着你；我觉得大单元大概念不宜一窝蜂地全线推进，我就在自己的公众号上调侃几句，然后继续安心教我的小语文，你也拦不住我。

道不同不相为谋，咱们有什么好争论的呢？

要开学了，如果有那闲工夫，不如读读书，备备课。

对了，我刚新备了一个课，《社戏》第二版。跟自己过不去才好玩啊，有时间，我就玩玩"一课多案"，推翻自己先前的设计，另起炉灶，来一个新版设计，多有意思！

我的教学理念，我拿什么来阐释？拿什么来证明？——当然是我的课啊。所以，我讲学的形式，就是"课＋讲座＋互动"，即使在暑假里，有国培项目请我指导，我也要求借学生上课。

任何先进的教学理念，都应该与课堂对接，也都应该接受课堂实践的检验。

打嘴炮很无趣的。不明就里的人，还以为我们在公众号上争来辩去的，不是为语文教学，而是为了吸引眼球和赚流量呢。

今天，我的一个小徒弟跑来，愤愤然，跟我说：师父啊，你不是经常教育我们要拿课说理吗？那个撑你的号主，你不用跟他打嘴炮，来点实在的，就跟他约个课吧。到底是我的嫡传弟子啊，知道约课比约架好，约架的话，我肯定输。

怎么约课呢？我问。我的小徒弟接着又一本正经地说：大单元和单篇，没办法同课异构……要么，他搞他的大单元，师父你就在他的大单元里选一个单篇，你们找个地儿借班上课，全国直播……这一定很好玩！——原来也是个想看热闹的主。

我决定逗一逗小徒弟，我说：哪有让师父冲锋陷阵的道理？要上课也是你小子去上。你看当年第二次华山论剑，郭靖少年英杰刚过二十岁，接黄药师、洪七公三百招不败……

小徒弟大约是不想上这个课，但慑于本师父的淫威，又不敢明说，于是就绕了个弯，道：可是西毒欧阳锋武功卓绝，黄药师和洪七公都难以胜他，郭靖就……

小徒弟读金庸不如我熟，他不晓得小说的后续情节：那欧阳锋确实厉害，不过因为练了假的《九阴真经》，导致筋脉逆转，走火入魔，又被黄蓉一通忽悠，疯了……

当然，以上这是玩笑话了，千万不要当真——但约个课，或许还真可以试一试呢。

一节课，是不是试上的次数越多越好

我常常听有些教师做经验介绍，说到自己的磨课经历，说自己如何反复试上课，试上了一遍两遍三四遍，五遍六遍七八遍，甚至还有个别老师把一节课，拿到一个年级去"巡回试上"，这个年级有二十二个平行班。

只要功夫深，铁杵磨成针。

铁杵磨成了针，越来越细，越来越轻，还有战斗力吗？一节课，是不是试上的次数越多越好呢？

答案当然是否定的。

从小处说，反复试上，超过一定的限度，就是平面滑行，就"过犹不及"，就带来审美疲劳。

从大处说，反复试上，"打破"有余，必然"重构"不足；如果不断"重构"，则一节课的备课成本太高。如果是比赛课，更是吃力不讨好。

"好课是磨出来的"，这话不假。但反过来说，反复地高频次试上，未必就能磨出好课。

可能有的老师会反驳我的观点。

　　而且还会举例说，某某老师参加"某某杯"课堂大赛，团队老师帮忙出教案，上课老师反复试上个七八十个来回，如此，不仅教案滚瓜烂熟，对学生的各种回答也是了然于胸，于是在正式比赛时镇定自若，游刃有余，一等奖妥妥地到手。

　　这种情况确实存在，也是很多地区打造"名师"的常用手法。

　　让我忧虑的是，这样打造出来的"名师"，拿了一等奖，兑换到了学科荣誉，甚至评上了特级，但他们在专业发展的道路上，是走不远的。

　　一课成名是可能的。但成名之后，因为这"一课"的人力成本过高，几乎不可复制和持续，于是那个一课成名者就"泯然众人矣"。

　　不信，我们可以对近十年全国课堂比赛一等奖获得者进行一个跟踪调查，看看究竟有多少获奖者成了行业翘楚，比例又几何。

　　我自己在开发新课时也要试上。有时候，我还主动邀请中心组老师来帮我磨课。但我试上课的次数，绝不会超过三次。第一次试上，看教学设计的框架是否合理；第二次试上，看课堂活动组织是否有效；第三次试上，看教学细节处理是否贴合。

　　当然，每一次试上，我都会对教学设计有所调整，如果到第三次试上，对教学设计的调整仍不满意，我就暂时搁置，甚至放弃。试上三次，如果还不满意，问题就不是出在"试上的次数"，而是教学的设计，且这个问题还是一时间无法突破的难题。在新课试上这个问题上，我不信"勤能补拙"。

　　公开课、比赛课、研究课，试上是有必要的。但试上的次数，也要讲究一个"度"。

　　试上次数过多，超过了这个"度"，不仅人力成本付出与收益不成正比，反而还可能给上课老师带来课堂的"钝感"，划不来。

　　我们做老师的都清楚，要上出好课，仅仅磨"这一课"是不够的。所以，我们一辈子都在备课。我们平时所上的每一节课，其实都是在"试上课"。

频繁的赛课，对年轻教师的成长
并没有太大的帮助

　　某公众号推送了一篇文章，介绍的是一位"90后"老师的赛课及成长，我读后感觉有几句话要说。

　　首先是开篇第一句："回顾自己这三年来的成长，我几乎把区里的各项赛事都参加完了。"这位"90后"青年教师如此专注自己的专业发展，敢于挑战自我，这精神确实值得弘扬。

　　2019年，区资源包比赛，录像课比赛；2020年，区微课比赛；2021年，区单元整体解读论坛；2022年，区青年教师基本功大赛；2023年，语文"百花奖"比赛……啊，到底是年轻老师，精力就是旺盛啊！

　　我现在真的老了，备一节课，有时候死去活来的，要折腾很久。这年轻老师，参加那么多的赛事，怎么应付得过来？我毕竟不在教学一线了，自主支配的时间略多，即使如此，我照样感觉忙得要死。又要带班，又要一个不落地参加区里所有比赛，能同时去追两只兔子，非高明猎手不可。

　　据我所知，有些校长是好大喜功的，怂恿年轻老师参加各种各样的比赛，把一堆证书作为自己的办学业绩。于是，只要有老师参加比赛，那是要全教研组出动的，把"群殴"美其名曰"团队作战"，他们以为这样可以帮助年轻教师"速成"。在这样的利益驱动下，参赛老师可以撂下自己的班，请别人代课，再借一个年级的所有班级挨班试上一遍……这样的"运动式"赛课，如果过于频繁，简直就是对日常教学的干扰。

当然，我不知道这年轻老师所带的班，学业水平怎样，不敢妄自揣测。但人的精力毕竟有限，频繁参赛，会不会影响到自己以及教研组老师的常规工作？

某公众号推出此文，其用意，是引导青年教师在参赛之后要积极做好反思，这是对的。毕竟参赛不只是为了拿奖，及时做好参赛反思，确实有助于专业成长。但我担心，有的年轻教师会不会产生这样的误读：年轻老师要多参赛，在频繁的参赛中，才能加速专业成长。

这其实是一个误区。参赛，更多时候是一种展示或检验，展示或检验你一段时期的教学积累。真正能铺垫一个年轻老师教学高度的，不是频繁参赛，而是把日常每一节家常课上好，在这一节一节的家常课中，积累经验，磨炼能力。

这是修炼内功，而修炼内功不能靠比武。三天两头把一只小猪放到磅秤上去称，就能增重长膘吗？称一称，是检验它有没有长膘，而不是长膘的路径。

有的老师可能会说，参赛后的反思能促使自己成长啊。这话没错。"教学反思"确实是教师专业成长的重要路径，赛课后的教学反思，固然是深刻的有启发的，但常态课的教学反思，其意义和作用其实更大。

因为，把家常课上好，是我们的天职，做好家常课语的教学反思，对于改进教学帮助更大。至于赛课拿奖，那只不过是追求"上好每一节家常课"的附属品，是添头，是上帝给你的额外奖赏。

说到这里，我得强调一下：我写此文，并非反对年轻老师参加赛课，而是建议他们不要频繁参加赛课，不要以为频繁参赛就有助于专业提升。

我们来看看这位"90后"赛课积极分子的教学反思：

反思一：熟悉文本是硬道理。

更准确的说法应该是，教师研读文本、读透文本是硬道理，这个"道理"应该是通用的，不单独针对赛课，"赛后反思"，其实已经是迟到的反思。

反思二：备学生和备教材同样重要。

赛课的"备学生"有时候还真的不易，借班上课，你怎么备？其实更多时候参照物还是你自己班的学生，参赛课"备学生"的经验，还是来自你自己带的班。

反思三：教学机智是让课堂起死回生的法宝。

这句话的对错我们再商榷。教学机智一部分是天生的，一部分来自家常课的积累，我从没听说过，教学机智是从赛课中培养出来的。

反思四：课堂评价语是课堂推波助澜的"加速器"。

课堂评价语是一个老师全部教学经验和教学智慧的呈现，一个老师的课堂评价语言运用的能力，也绝不可能在频繁赛课中获得。

……

这位"90后"年轻教师的参赛反思，其实写得挺好的。我解读，并非否定她的参赛反思，而是想说：不参赛，我们照样能做出这样的反思，基于家常课的反思，可能还更真实，更深刻。

我经常跟年轻的弟子们说，板凳要坐十年冷，课堂不落一节空。趁年轻，花更多的时间，练好内功，有朝一日"飞花摘叶"，照样能大败武林高手。

频繁参赛，弊大于利。

让一颗果子，在树上，静静地多挂一段时间吧，让它慢慢生长，经风霜，历雨露，也借此积蓄更多的天地精华，多好！

如果你不得不参加一场很无聊的培训

首先，我要说的是，不要以为我是教研员，总给别人安排培训，总是"训"别人。其实，我们也常常被派出去，要么"陪着挨训"，要么"被别人训"。

有些培训确实很不错，能给人醍醐灌顶、豁然开朗的感觉。但也有一些培训，唠叨不清、味同嚼蜡，让人怀疑主办方的真实意图——培训品质是不必在乎的，只要能顺利套取国培专项经费就成。

教师朋友们，如果你不幸参加了一场很无聊的培训，你咋办呀？我的建议是这样的：

1. 翘课。有些实在无聊的培训，听了半小时，居然没有听到一句有用的话，你就不必咬牙坚持了，及时止损，赶紧走人，哪怕到会场外去转转，看看风景也是好的。

我曾经参加过一所大学主办的培训活动，首次活动为期三天，六个讲座，有用的话记了不到一页纸。因为是暑假里，包吃包住，我就咬牙坚持下来了。后续的培训，前后持续一年多，每月集训一次，我就一直翘班，没去。最后一次活动安排了结业仪式，我想想还是去了，要善始善终嘛。结业那天，每个学员都要上台做汇报，我也就装模作样地上去了，结果反而坏事了——文学院院长当场问：你这位学员发言很有品质，我之前怎么没有见过你？我嗫嚅着，说我有事请假了。老院长有点生气，说：如果这样，你的结业证书能不能发，我们还要再研究。结业仪式一结束，我就直接走人了，没为结业证书的事去聒噪。那个证书其实对我也没啥用，让我耗费时间和精力去做"人肉背景"，我才不愿意。

2. 睡觉。有些所谓专家，他们的讲座最有效的功能就是催眠。如果你听一个讲座，听得迷迷糊糊，听得睡意蒙眬，那么，你就尊重自己的内心感受，索性就把这烂讲座当催眠曲好了，好好睡一觉。

我的经验是，在讲座现场如果能睡着，那必然是深度睡眠。不过，我现在参加培训，不大敢在会场睡觉了——我怕打呼噜。在培训现场打呼噜，总归是不礼貌，而且，可能还会影响其他参培老师睡觉。

3. 干私活。如果真是一场很无聊的培训，你偏偏又坐在会场中间位置，进进出出不方便，或者考勤实在严格，那么你就安分守己坐着不动好了。那么多人都在为你打掩护，你就安心干私活好了。

有老师问我，公众号每日一更，是怎么做到的？他们不知道，我有好多的小小说和随笔，都是在听无聊的讲座时写成的，写好了先存着，需要推送时就编辑一下。他们不知道，听无聊讲座时，我往往文思如泉涌，最高效的时候，能在某个讲座时段内，一气写两篇。

如果你不会写小小说或随笔，也可以做点有意义的私事。比如把微信好友列表整理一下，那些从不联系和互动的好友，可以删掉；那些不向你开放朋友圈的，你也把朋友圈向他关闭；还可以把好友列表分个组；还可以回看你的照片，玩玩美图秀秀"照骗"，看着年轻起来的自己，那一定也是挺有意思的。

4. 打擂台。我这里说的"打擂台"，并不是让你跟那些专家当场PK，那样不好。人家出来混，搬弄一些吓人的术语，赚几个辛苦费，也是不容易的。

我是这样跟专家们"打擂台"的：比如他上一节示范课，我看不上眼，我就一边听课，一边鄙视，一边自己备课，同课异构。我有好几节公开课的新设计，就是这样来的。这真得好好感谢上烂课的专家，给了我创新的灵感。

再比如，他做一个讲座，我觉得没啥用，就取他讲座中某个话题，自己现场思考，列提纲，开发我自己的讲座。偷偷告诉你，我的一个比较受欢迎的讲座《新课标的理解、批判与建设》，就是在听某课标专家的空洞解读报告时，构思出来的。

咋样？听了上面这些好建议，我相信，未来某一天，你不得不再参加那些无聊的培训时，就不至于痛苦万分了吧。

课堂教学比赛能不能增设评委示范课

最近，有一个国家级的语文赛事。

"我发现了一个很有趣的现象：对一节参赛课的评价，现场观摩的老师与专家评委的意见还是差别挺大的。出现如此'错位'评价的，据说还不止一节课。"我的一个朋友在比赛现场，给我发来这样一个信息。

我是带着调侃的语气回复朋友信息的：评委对一节课的评价，跟一线教师对一节课的评价，出现差异，这既是正常现象，也是不正常的现象——至于原因嘛，你懂的。

正如一位参赛老师的教学反思所言，"专家们在理论研究阵地，对课堂进行理性的标本式的研究；老师们在真实的课堂阵地，对课堂是感性的体验式的研究。"这大约就是课堂评价产生差异的根本原因。

一线教师与专家评委对同一节课的评价，存在差异，甚至巨大的差异，这还算是常态。老师们不知道的是，在评委组内部有时候对一节课的评价，也会发生激烈的争论。

有一年，举办全国古诗文教学大赛，我担任评委。有一节课，参赛老师的课题是《陆游诗连读欣赏》，教学过程中分小组探究陆游的一首诗（课外文本），然后小组派代表发言。每个小组的发言都极精彩，台下听课老师也不由得发出热烈的掌声。评委组综评时，有人提出给这位参赛老师特设特等奖。我当时是坚决反对的，我说不仅特等奖不能给，一等奖都不能给。我的理由很简单：这节课上学生的"好"，不能算作老师教得好；这节课上，老师的作用主要是"主持或报幕"。

仍然有好几个评委坚持给特等奖，只有我和另一位评委持反对意见。眼见势单力薄，我就开始"耍赖"，我跟主办方说，如果给这节课特等奖，我就公开声明，退出评委组。

当然，奖项公布以后，也有听课老师对选手的获奖等级不服，来找评委理论的。我也接待过几个这样的"打抱不平"者，但听了我的解释，他们基本上能认同我的观点。

但也有个别老师仍然不服气，说理又说不过我，就用了不大友好的语气，说：你们评委组老师，要是能给我们上个示范课就好了。

说这话的老师可能不知道，我这个评委，是经常上示范课的。甚至有时候，在赛事结束之际，我还会上一节课，跟参赛选手同课异构。

我有个建议：今后各级各类课堂教学大赛，都要增设评委示范课。也许这样一来，专家评委与一线教师之间，能相互走得更近，能有更多的共同语言。

我这样说，并非为评委辩解。我参加过多次国家级大赛，从选手这个视角看过去，有不少评委是有真水平的，但也有不少评委是水货。随着课改乱象丛生，水货评委似乎还越来越多，越来越吃香了。

有人说："这次比赛在新课标新课改正如火如荼推进的时候举办，

具有实验性的价值。一些巨大的课堂争议恰恰展现了现在语文教学研究或者说中国语文教学的现状——教学理念的真实差异和碰撞。"这话看起来是对的，但作为一项国家级比赛，只呈现"实验性价值"显然是不够的，还应该呈现"引领性价值"。

毕竟，各省选送的选手是一省的优秀教师代表，如果这些老师的课，出现了"巨大的争议"，要么是评委有问题，要么是选手或观摩教师有问题，得正视这个"巨大的争议"。只是用"教学理念有差异"来和稀泥，是不负责任的。

既然"教学理念有差异"，那么，这"差异"的根子是什么？存在"差异"的双方，究竟是哪一方需要修正自己的教学理念？评委组成员对参赛课抑或语文课的评价，有没有一个"核心评价标准"？

一节课算不算好课，既不能全听专家的分析，但也不能被观摩教师的所谓"民意"所裹挟。

现在，一线教师和专家互相看不上眼。专家们批评一线教师跟不上课改步伐，一线教师对专家们的不接地气也是颇多微词。这种"不对眼"的罅隙，需要弥合。

怎么弥合呢？

这就需要一个好课标准，一个符合语文教学基本规律和基本价值追求的标准，一个被一线教师和靠谱专家普遍认同的标准。也许有人会说，新课标里不是有吗？对不起，请允许我鄙视一下，新课标对语文好课的标准，似乎都说了，又似乎啥都没说。

一个清晰的便于执行的语文好课标准，有没有？应不应该有？——为什么没有？

语文课，你还要乱腾到几时？

课件拷去，实录拿去，为什么还是上不出好课

曾经有一个老师，特别喜欢我的一节课，课题是鲁迅先生的《雪》。

那节课，参加江苏省"杏坛杯"课堂大赛，获得了初中语文组唯一的一等奖。

有个听课老师，跟我拷贝了课件，自告奋勇帮我整理了课堂实录，然后兴冲冲回去，在自己班上"复制"这节课，但结果很不如意。她发短信说，感觉很失败。

还有一次，我一个弟子参加赛课，因为她是代表江阴初语参赛的——当然，这也关乎我这个师父的脸面——我就破例，从文本解读到教学内容选择到教学活动设计，甚至有些教学细节，都加以强调，并一一说明。

正式比赛时，我坐在台下，听着这节手把手指导的课，总觉得缺了点啥——缺了点啥呢？我一时半会儿也说不清，总觉得没有达到我期待的那个效果。

弟子的课，最后拿了一等奖第一名，但我还是有点不甘心，那么精妙的设计，没有达到最佳教学效果，总有点遗憾。我甚至想，我要

找个机会把这节课上一遍，看看究竟哪里出了问题。

有一个名师，评课、做讲座、写论文、做课题，那绝对都是一流水准，在业内也颇有名气。尤其是评课这一项，该名师不但有理论高度，而且在实践层面，也总能开出令人叹服的药方。

唯一遗憾的，是他自己的课。怎么说呢，他评别人课的那些好点子和先进理念，一到自己的课上，就全然不见了，就拉胯了，就昏招迭出了。

我之前也一直想不通，一个老师对课堂的理解，对语文教学的理解，都很独到，可谓高屋建瓴，为什么与教学实践如此脱节呢？

后来，我慢慢想明白了。

以上种种情况，究其根本，乃老师对学生的课堂活动，没能及时做出积极有效的课堂评价。

课堂评价，有人称之为"课堂驾驭"，有人称之为"课堂控场"，我觉得最科学的称谓，应当是"课堂活动组织"。

课堂活动组织，包含两个层面：一是教学活动预设，二是推进课堂活动从预设走向生成。前者相对容易，若个人能力不济，还可以借助团队集体备课。后者有难度，因为教学设计是静态的，而课堂生成是动态的。同样的教学设计，拿到不同的班级——不，就是同样的教学设计，在同一个班级，由不同的老师去教，效果也是截然不同的。

课堂评价能力是一个教师教学能力的集中呈现，也是一个教师的核心教学素养。

所以，在我组织的教学基本功大赛，以及课堂教学比武活动中，课堂评价能力是占分比重最大的一块。

能否对学生的课堂活动信息进行即时处理——评判、启发、补充、引导、提升、归纳、追问等，能否借助种种教学评价语言，将学生的思维不断推向一个新的高度，这是优秀教师与普通教师的最大区别。

语文教学的魅力，就在于课堂生成有无限的可能性。学生的学习状况是千变万化的，要求课堂评价必须以万变应万变。

所以我认为，一个语文老师的专业发展，重中之重，应该是不断磨炼自己课堂评价的能力。

辩证看待课堂上学生的"精彩"

　　我们在听课时，常常发现有这样的情况：老师抛出一个问题，个别学生的表现特别出彩，赢得满堂掌声，于是不少听课老师都会说这是好课。这样的课算不算好课呢？或者说，课堂上出现怎样的"精彩"才算是好课呢？我们对课堂上学生的"精彩"，应该一分为二去看待。

　　首先，缺少思维含量的"热闹"不是真的精彩。黄厚江老师把这种缺乏思维含量的课形象地称为三个"一"：一问就答，一答就对，一呼百应。缺乏思维含量的课，学生的回答往往是单词或短语，极少有句段式表达，因此回答问题时既快又准，这样的对话不需要"死脑细胞"，所以顺畅而热闹。还有的老师，在教学内容的选择上，一直在文本内容理解层面绕圈圈，在一望而知的几个词语上纠缠，却忽略了文本语言背后的深层含义，忽略了对作家语言密码的破译，这样的课，师生对话无论多么热闹，都是一种浅层次的平面滑行。

　　其次，一个或少数几个学生的突出表现不是真的精彩。有的老师喜欢喊几个特别优秀的学生回答问题，而那几个学生也往往不负众望。老师想要的，他们都能说出来，有时甚至比老师期待的答案还要好。于是有人就说，这样的课是好课。我有时就泼泼冷水，说这样的课好，跟老师的教没多大关系，主要还是因为人家孩子的基因好。我在"给语文老师的56条教学格言"里，曾经说过这样一句话："不要总是喊课代表回答问题，不要总是请朗读最好的学生读课文。"我在上示范课的时候，有时候故意喊不举手的学生回答问题，有时候明明知道喊"最后一排"的学生回答问题可能会影响教学进程，但那是真的教学现场，那是真的学情，我们不能为了追求"好看"而忽略"课堂上沉默的人"。即使是全班大范围地精彩呈现，我们依然要理性看待这"精彩"的来头。

我认识一个名师，该名师在全国知名学校任教多年。看这位名师整理的家常课教学实录，或者去该名校听现场课，都是备感震撼的——课堂上学生参与广泛，课堂生成风生水起，真是一种享受。很凑巧的是，我也听过这位名师两节借班上课的课，那课，差劲到什么样，我就不说了……有些老师运气好，到了好学校，教了好学生，慢慢地，不自觉地，就把生源的好，当作了自己教得好，一旦离开那样的土壤，借班上课，尤其是所借的班比自己原来的班生源差很多的情况下，"精彩"不再，甚至烂招频出，这都是值得我们思考的。好学生谁不会教呢？要把好学生教差，也需要本事呢。

我们应该追求怎样的课堂精彩呢？真正的课堂精彩，应该是在老师的引导之下，学生学得越来越好，这样的精彩，是教的精彩，也是学的精彩。学生原来读得不好，经过老师指导，读得越来越有味道了；学生原来说得不通顺、不准确，经过老师的引导，说得更清晰流畅了；学生原来对文本的理解只是皮毛，在师生对话互动中，对文本的理解深入而独到了……

　　一言以蔽之，课堂上真正的精彩，就是学生在课堂上的变化能"看得见"。也就是说，学生的精彩，不是他原生的优秀，而是经过我们的教学活动，越来越精彩。这样的精彩，恰是教育的美好姿态。

给小西老师的一封信

想来想去，还是决定给你写封信。

之前，你请我转载你公众号的文章，帮你拉粉，我看了你的几篇文章，觉得品质还有提升的空间，就婉拒了你。

后来，你又请我把你推荐给培东，说是要拜师。我问你读过培东的书了吗？你说翻过一本，具体书名不记得了。我请你列举培东的几节代表课，你说不上来；我让你先写培东的课例品鉴十个，写好了我就给你推荐，你就没了声音。

过了有半年时间吧，有一天，你突然联系我，问我认不认识山东卫视《超级语文课》的负责人，我说不认识。你居然不相信：那么火爆的一档节目，又是"语文"的节目，我怎么会不认识呢？你想请我推荐你去《超级语文课》栏目上课。

我问你为什么想去，你很坦诚地告诉我，说这档节目收视率挺高，能去上一节课，说不定能"一课成名"。我是不信天底下有"一课成名"那样的捷径的，但既然说到了那个《超级语文课》，我就去搜索，看了他们以往的几期节目。我告诉你说，那个《超级语文课》呈现的不是常态下的语文课，有些甚至都不能称为"课"，假期里安心读读书吧，要不就去旅行，别去凑那个热闹。

你很不满意，说我怎么总是给年轻人泼冷水呢！

我打趣说，给你泼冷水，是因为你心里的火烧得太过旺盛啊。

当时我说：小西老师，不要急，慢慢来。你发了一个"白眼"图标给我，说：杰哥，你现在功成名就了，当然不能理解一个年轻教师对专业的热切追求。

我想要告诉你，我根本算不上什么功成名就，如果说我还有一点点虚名，那也是上天给我多年以来吃苦受累的补偿。

我三十八岁那年才第一次参加全国赛课；四十岁那年才评上高级职称；四十三岁才评上大市学科带头人，这也是迄今为止我获得的最高学术荣誉。这是典型的"晚熟"，而且还是"没熟透"的典型。而你，才工作八年啊，不用这么急的。

你羡慕我的公众号有 16 万 + 粉丝，羡慕我的推文每天的阅读量都在 1 万以上。可是你知道吗，我在 2017 年刚刚写公众号时，日阅读量只有 100 多……六年，我就那么咬牙坚持，在别人休闲的时候，我在读书和写作。最近的两年，几乎日更一文。为什么我能坚持呢？是因为热爱，对语文的热爱。真的，我不是为了"吸粉"而写作，而是因为真诚的写作与分享，才能这般"吸粉"。你年轻，精力充沛，多读书，多思考，多积累，你的文字自然就有了厚度。那时，你自然能吸引更多的"粉丝"。

小西老师，你资质好，读写能力不弱，进取心强，这是你的优势。假如能沉下心来，板凳坐得十年冷，你一定能在将来的某一天，收获到你现在羡慕的东西。并且，可能你将来得到的远远不止你现在羡慕的这些。

慢慢走，欣赏啊。

有些鸟儿是注定关不住的

有些鸟儿是注定关不住的，它们的每一片羽毛都闪耀着自由的光辉。（《肖申克的救赎》）

之所以再次想起这句话，是因为前天跟一个朋友聊天，他告诉我说：辞职了，跳槽了。

朋友是"三好学生"——特级、正高、"人民教育家"培养对象，他这三个荣誉称号，随便挑一个拿出去，都是可以卖到好价钱的。但他一直没走，也从没动过出走的念头。

忽然听说他走人了，我还是有点意外的。

然后，我们就有了一段对话。朋友为人忠厚，不愿提及任何的委屈和愤懑，只说人生难得走一遭，换个活法，不枉此行。

我开玩笑地问他：卖了多少钱啊？

朋友说，不谈钱，只为了开心。

怎样的工作能令人"开心"呢？丰厚的薪水？能力、兴趣与岗位高度匹配？个人价值得到充分的展现和认可？都不是，有比这更重要的东西：自由。中国科学院院士、著名结构生物学家颜宁，在接受记者采访时，有过这样的一段对话：

问：你认为你的职业的最大好处是什么？

颜宁：自由。我可以自由地安排工作，自由地选择项目，自由地选择合作者和工作团队。

问：是什么激发了你对科研的兴趣？

颜宁：我享受灵活的工作时间，喜欢自由地选择课题，更何况还有"全世界第一个发现的巨大诱惑"。

问：你职业生涯最有价值的成就是什么？

颜宁：我最大的成就是培养了一批才华横溢的年轻学者，不少人已经能够独挑大梁，开始自己的独立研究项目了。

"自由"是颜宁用得最多的词。

科学家需要自由，我们教育工作者，也需要自由。

这里的"自由"，当然是指心灵的自由。如果描述一下，那就是：一个人可以心灵舒展地做事，没有一丝丝恐惧感和压迫感，他为了理想，可以无拘束地前进，如同在草原上漫步，心中洋溢着一种平静的快乐，简单而充满期望，能时时享受灵魂充实的幸福感。

如果我们的教育工作者，不能在心灵自由的状态下从事育人的工作，那他们又怎么可能把精神的愉悦和学习的幸福感传递给孩子们？跪着教书的老师，怎么能教出挺直脊梁的世界公民？

在很多时候，能给予老师自由和幸福的，首先是国家层面制定的政策和方针，其次是不打折扣地执行国家教育政策的地方政府，再次是一个有文化气息有温度的单位。

这三者中，距离一线老师最切近的，最实在的，最可感的，是单位；起决定性作用的，往往是一把手校长。常有老师在我的公众号后台给我留言，吐槽他们的校长，希望我能把一些不堪的细节写到小说里去。我呢，就以他们提供的素材，真的写了几篇小说。结果更多的读者给我留言，问："徐老师，你写的是不是我们学校的事情啊？"我说不是啊，小说嘛，情节纯属虚构，请勿对号入座。嘴上这么说，其实我心里明白，有些学校，有些校长，在营造宽松自由的学校氛围这方面，还有提升和改进的空间。我遇到过不少充满人情味、有人格魅力的好校长，每当想起他们，我的内心就充满温情。当然，我也遇到过颠顸愚蠢或待人刻薄的校长，每当想起他们，我就暗暗庆幸，幸亏他们没有长期影响我的生命成长，幸亏我没有成为他们那样的人。

前天，有个外地的老师告诉我，说他们校长要求老师进入校门以后，一直到放学，不得再出校门，哪怕出去十分钟，也必须向一把手请假。我说，考勤管理严格了点，但也不能说不对。

这个老师又告诉我说，校长会在全校大会上通报哪些老师请假外出。我就笑，说这个校长不如就在传达室上班好了。我说，你们偶尔有点私事外出，马上回来的那种，偷偷溜出去再溜回来就是啦。这个老师说，校长会查监控，一旦发现，就要指着门卫的鼻子痛骂的……

用管监狱的方式来管理学校，这样的学校，禁锢了身体，也禁锢了心灵。老师与学校的结合，就像女子嫁人，遇到一个好学校，遇到一个好校长，这是幸事，可万一遇到"恶婆婆"怎么办？为了过日子，得忍。忍无可忍怎么办？那就只好走了。他不走，我走。

我在这里并不是要怂恿老师们跳槽，而是我太理解那种憋屈的滋味。一个人半辈子时光都在单位度过，如果一个单位不能给你带来工作的幸福感，不能让你的心灵舒展开来，且你熬下去也看不到曙光……那你有必要委屈你的那颗心吗？听从心的召唤，心让你往哪里去，你就往哪里去吧。

　　所幸的是，奔波辗转半生，我终于遇到了满意的地方——江阴。这个城市足以安放我那颗不羁的追求自由的心。我曾经在一则工作手记里写过这样的句子：

　　　　我常常想，什么是好工作的样子呢？所谓的好工作，就是能做自己喜欢的事情，就是能心灵自由地做自己喜欢的事情，就是能和精神契合的人一起做喜欢的事情，就是做那些不仅自己收获成就感，也能给他人带来成就感的事情……

　　这样的好工作，好单位，值得我们去想象，去向往，更值得我们去追求，奋不顾身地去找寻。只有在路上，你才能被遇见，不是吗？

我最反感的几种教学行为

隔三岔五地听课、评课，有时候，坐在教室里，如沐春风，也有时候却如坐针毡。

有些教学行为，让我很反感：

1. 动不动就小组合作，尤其是没有讨论空间甚至没有讨论价值的问题，非要小组"合作"一下，典型的伪合作学习。

2. 低劣的导学案，把课堂上本该鲜活生成的东西，弄成一个一个题目，让学生提前"预习"，上课变成了各种对答案。

3. 老师一直讲个不停，耳朵嗡嗡的，都是老师在聒噪。

4. 一节课都在"提问题，找答案"，老师碎碎问，学生碎碎答。

5. 课堂上，声、光、电齐上阵，就是不见文本，不见学生的听说读写。

6. 跟学生比拼本事，把课堂当作自己的炫技舞台，动辄就旁逸斜出东拉西扯显示自己的博学。

7. 赶时髦，好好的课堂活动，非要整个"情境"的帽子；为了"任务群"，非要给活动加个小标题"任务一""任务二""任务三"来装蒜。

8. 在课堂上不好好说话，拖腔拿调，甚至装小朋友嗲声嗲气地说话。

9. 粉笔字极丑，还要满黑板地写，而又不讲章法。

10. 手里拿着教案上课，或者把教案打印，夹在教材里，不时去瞄一眼，甚至读教案内容。

11. 做课件，直接复制粘贴百度内容，幻灯片上密密麻麻都是字，根本看不清，也来不及看。

12. 出示一个主问题，说好读书思考三分钟，却虚晃一枪，短短几秒就让学生站起来回答问题。

13. 请学生回答问题，从来都用一个手指头指向学生。

14. 语文课，却从头到尾都听不到读书声音。

15. 向学生讨要掌声，或者暗示学生鼓掌。

16. 总是喊固定那几个同学回答问题。

17. 课堂评价只会说"很好""不错""你真棒"。

18. 一直站在讲台上，与学生"远程"对话，从来都不走到学生中去。

19. 脱离文本，架空分析，大道理一套又一套，把好好的语文课上成班会课。

课堂实录应该姓"实"

读过一位名师的课堂实录，感觉极好，且佩服之至。后来，很偶然的机会，现场听到了名师执教的这节课。两相比较，我的观课感受打了大大的折扣。

课堂效果为什么会产生如此巨大的差异呢？

起初，我把原因归结为生源问题。公开课或比赛课，老师遇到好学生群体，这课在观赏性上绝对占优势，甚至还能起到"一优遮百丑"的效果。但承办学校是当地名校，看学生的课堂思维状态，也应该是中等偏上的生源。

后来，我又为上课的名师找了其他可能的诸多原因：比如借班上课没有预热，比如学生预习没有到位，比如学生怯场，比如上课那天老师不在状态……

我是一个较真的人，转弯抹角地，我找到了那个课堂实录录制地的一个语文老师，通过她，从电教老师那里拷贝到了课堂录像。

看课堂录像，也觉得没有课堂实录写得那么好。

我就对着课堂实录，慢进反复地看。

最后，我终于明白了：在整理课堂实录时，整理者可能出于对名师的爱戴，对实录进行了过度的"美颜"。

从那以后，我再看那些核心期刊上发表的课堂实录，就多了个心眼。我一边看，一边就琢磨：这里的师生对话是真实发生的吗？学生的这些精彩表现是真实发生的吗？

我尤其警惕那些"一问就答，一答就对"的顺畅无比的课堂实录。——一节课，老师都在教学生已懂的东西，就不是好课。

我还警惕那些看起来似乎都由聪明绝顶的孩子组成的班级。学生的发言行云流水，丰富深刻，比教参上的答案还要完美；甚至有时候，老师问错了，学生居然还能答对。

我还对有些实录中教师的教学语言心存疑惑。有些老师的教学语言，像散文诗一般优美，古今中外名人的典故、名言，他们信手拈来，都不带犹豫和磕绊的，把口语整出书面语的味道来，让人好不羡慕。

真正的教学现场，师生之间的对话，怎么可能完美到如此流畅，如此动听，如此诗意？

太过完美的课堂实录，已经不是原来那个课的"实"录了。

所以我建议，核心期刊只要刊登名师的课堂实录，就请在文末附一个二维码，读者微信扫码，就能看到这节课的录像。

过度美化的课堂实录，公开发表出来，就涉嫌欺诈了。

有一次，小徒弟为我整理《水浒传》导读的课堂实录。

其中有一处，课堂上有个孩子把"大闹野猪林"安在了武松的头上，因为我那个瞬间脑子"短路"，没有注意到这个错误，就没有现场更正。小徒弟就问我说：师父，这里要不要把"武松"改为"鲁达"呢？

我知道自己错了，但我觉得不能改。

我说：你还记得《藤野先生》里的一个细节吗？鲁迅画解剖图时，觉得血管的位置不好看，就把血管移了一点位置。藤野先生是怎么说的？

"然而解剖图不是美术，实物是那么样的，我们没法改换它。"

课堂当时就是这个样子的，我们不能美化教师的"错误"。

曾经，浙江的一个老师通过微信给我发了个截图。他正在读黄厚江老师的一节作文课的课堂实录，上面有一句"错话"，他截取的就是这个。他问我：黄老师怎么会说错话呢？我说：这就说明了，黄老师的课堂实录是真实的实录。老师在课堂上说错一两句话，是很正常的啊，哪个老师能保证在课堂上没说错过话？

我的课堂实录，在公众号推出之后，我一般会同步推出课堂录像，读者诸君感兴趣可以去对比着看。

友人劝我，说这样做是冒风险的——怕我的课堂表现不够完美，有损形象？还是怕我伪造课堂实录而因此"穿帮"？

其实，在课堂上，出现问而不能答，抑或启而不能发、打横炮等情况，这都是很正常的，把它们实录出来，还原当时的情境，对执教者，对观看实录者，都是有益处的。

相反，过度美化的"伪课堂实录"，反而会误导读者。长此以往，也容易迷惑了自己——以为那样的"好课"真是自己上出来的。

前不久，一位青年名师准备出版一本专著，邀我评点他的一节课。我开玩笑说：评课可以，但你得保证给我的课堂实录是真实的。

如果一个课堂实录被做过"手脚"，我却浑然不知，热情洋溢地给写课评，一二三四地品评赞美，那我不仅愚蠢，而且成"同伙"了。

　　所以，课堂实录应该姓"实"，实际的"实"，实诚的"实"，忠实的"实"。这是做学问的核心素养。

真实的教研应该是怎样的

我一直在想，真实的教研应该是怎样的。

我不是专家，没本事引经据典，整出一堆术语概念来论证。

我只会描述，描述我心目中真实的教研的样子。

真实的教研，研究的对象应该是一线教师的课堂，是一线教师怎么把家常课上好。

真实的教研，可以研究名师名课，但更应该着力于普通家常课的优化，持续不断做课堂优化的研究，校本教研就有了抓手。

真实的教研，拿来做研究的课，最好是"生课"，原生态的课，未经反复演练的课。这样的课，研究的价值更大，也更有意义。

真实的教研，评课现场也应该是真实的，有一说一，有批判，也有建设。既不能开成表彰大会，也不能开成批斗大会，就课论课，坦诚相待。

真实的教研，评课前后，一定要让上课的人"说话"。要保证上课者的执教感言和听评课回应，与评课之间，形成良好的互动。

真实的教研，要有"主旋律"。众说纷纭，一地鸡毛，不是好的教研。所以教研组内要有"带头大哥"，萝卜炖萝卜，再怎么炖还是萝卜，萝卜炖肉，才是佳肴。

真实的教研，单次的教研活动，不应该是孤立的存在。一个学期的教研活动，应该要有主线，要有重心。单次教研的评课之后，还可以有后续的优化设计或再教。不断"跟进"的研究，才有生命力。

呜呼！评课居然也有了"模式"

有个语文老师告诉我，他们的局领导跑到学校去，亲自操刀，对老师们的评课进行规范。要求凡是评课，必须遵循"五有"模式，即有的、有料、有序、有法、有问。凡不按照这个模式来评课的，一律不合格。

我笑了，回复了一个"有"——有病。

我们的课堂，本来是千姿百态的，却被"模式"折腾了很多年，什么"先学后教"了，什么"学练案"了，什么"讲学稿"了，什么"小组合作"了……这些做法如果因地制宜，因课制宜，当然是好的；但如果把其中某一种形态作为课堂教学的唯一，则是愚蠢的。

"模式"对课堂教学的毒害，至今都没有肃清。现在倒好，居然有领导用行政力量，来推动评课的"模式"了。

我们先来看这个"五有"。有的，有教学目的；有料，有教学内容；有序，教学活动有一定逻辑顺序；有法，有教学方法；有问，有问题设计。表面看起来，这"五有"似乎有点道理，仔细推敲，其实问题很大。

对一节课而言，教学目标仅仅"有"是不够的，得看执教者对目标的确定是否合理。同理，教学内容的选择，仅仅"有"也是不够的，要看这些"料"选择得对不对，譬如给人吃草料就不行。

至于最后一个"有问"，我刚开始以为是评课时要发现课堂中存在的问题，这一点不错。其实，发现问题是不够的，好的评课既要看病，更要开方。后来再求证，居然是"有问题设计"。我的个天，放眼看去，现在哪个课没有"问题设计"？甚至有的名师的课，有几十个"问题"，美其名曰"问题链"。我经常批评我们很多老师的课，只有"问题"而没有活动，且"问题"又太多，"碎碎问，碎碎答"几乎成了语文课的通病。

强制推行"五有"模式评课，恰恰是不懂课、不懂评课、外行领导内行的行径。

有些课，执教老师把教学内容选偏了，我们评课的重心应该落在"教什么"上，因为在"教什么"都弄错了的情况下，研讨"怎么教"（有法）是没有意义的。

有些课，执教老师自己的文本解读都没到位，导致课堂教学平面滑行。我们评课的时候，应该和执教者一起来细读文本，帮助他从"昏昏"走向"昭昭"。

有些课，"的"有，"料"有，"法"也有，但执教者的"法"就是"提问题，找答案"，显然，这样的"法"不是最优"法"。我们应该从"怎么教更好"的角度来评课。

评课时，最忌讳面面俱到，把某一个点讲透已经很了不起了，不必非要"五有"吧？——这又不是评选"五有"好教师。

课堂是千姿百态的，评课就不能死板硬套"模式"。上课也好，评课也好，都要相机行事，世间并没有一劳永逸、放之四海而皆准的

"万能钥匙"。

当然，我这样说的意思，并不是说评课就不要讲方法了。评课不能套用"模式"，但评课一定要讲方法。

我把评课的方法归为五种类型：1. "三点式"评课（优点、亮点、弱点）；2. 小专题式评课（围绕一个话题深挖洞）；3. 对比式评课（用于同课异构）；4. 复盘式评课（对课堂教学环节逐一点评）；5. 基于优化的评课（怎么教更好）。

具体评课的时候，选用哪一种类型，由评课者根据自己对"这一节课"的观感和判断，酌情选择，不必面面俱到。

怎么样，我这个评课方法的"五类"，是不是比那个评课模式的"五有"，要稍微靠谱一些？

那位局领导强力推行评课"五有"模式，本意是好的，只不过，他是好心办了坏事。这样的局领导，需要加强业务学习。

名师是怎样炼不成的

有一本书，大家想必都听说过，那就是《钢铁是怎样炼成的》，这本书不仅深深地影响过它的输出国，也深深地影响着它的输入国。

既然有"钢铁是怎样炼成的"，就会有"钢铁是怎样炼不成的"。

不仅钢铁存在着"炼得成"和"炼不成"，名师，其实也一样。炼成名师的不少，炼不成的更多。名师是怎样炼不成的呢？

大多数优秀的老师往往迅速得到组织的信任，被提拔到管理岗位，副主任、主任、副校长、校长，职位越来越高，责任越来越大，花费在教学研究上的时间被不断挤压。慢慢地，有些老师职称还是照样评，但公开课不上了，教学研究不那么热心了，甚至书都读得少了……

我曾经写过一篇文章，说过这样一句话："再高明的猎手，也不可能同时追到两只兔子。"道理很简单，人的精力有限，且一个教师的教学能力与管理能力，两者之间并不能等量替换。课上得好的，未必能成为好的领导；领导做得好的，未必能成为某个学科的首席教师。在自己擅长的领域做到极致就可以了。校长做得很好，书又教得极好的语文名师，江苏全省也就黄厚江、唐江澎、薛法根几人而已。

所以，要让名师炼不成，最温和且皆大欢喜的方式，是提拔他，让他做领导。发现一个好苗子，然后全方位"包装"，速成式培养，是有些地区"名师辈出"的经验。基本的路径是这样的：各级荣誉表彰集中给他；主管部门出面跟核心期刊或有影响力的杂志"沟通感情"，达成默契；请掌握一定行政资源的学术官僚过去讲学、带徒弟，营建"圈子共同体"；集中区域内优秀教师帮助打磨课堂，赛场内外齐努力，实现"一课成名"；对课堂教学刚刚有点想法，就请专家过来帮助提炼"教学主张"或"教学思想"，围绕这个做课题、写论文、搞展示活动、出版专著……

如此，滚油煎排骨，外焦里未熟，但外表好看啊。这样"速成"的名师，名号很吓人，头衔一大堆，但学术影响力却寥寥。

所以，要让名师炼不成，拔苗助长就够了。盛名之下，有几人能保持清醒和理智呢？

让名师炼不成，其实路径还有很多。

比如拿平均分说事。那些尊重教学规律，把更多时间拿来备课，不屑于"死揪"的老师，往往在月考、期中期末考平均分上吃亏。学校公布考试名次甚至还诫勉谈话，那当事老师肯定架不住，于是加入"盯人战术"，一起内卷。一旦卷起来，名师铁定炼不成。

还有"闭关锁校"的。有些学校是不支持老师外出学习的，有什么学术活动信息，也从不公示，更不组织；至于培训班、名师工作室，更是以"工作忙"为借口，不给老师报名；还有学术荣誉啊，比赛啊，也从不鼓励老师参加……一旦只晓得"埋头教书"了，这名师几乎就炼不成了。

最有效的一招，就是折腾。三天两头地，组织老师参加各种各样的比赛，为一节赛课，试上八九十个来回；组织老师参与假大空的课题研究，比如"双减背景下的核心素养培养"之类，好像"双减"之前，做的都是害人的勾当；组织老师去听一些无聊的讲座，去开一些无聊的会议，让他们耗费时间做"人肉背景"；还有更恶劣的，组织老师补各种各样的假材料应付上面的检查……

我在这里就不一一列举了。

如果把这个话题反向提问：名师是怎样炼成的？

——给他一张安静的书桌，就够了。

快与慢

两篇文章《今天，我把"不要急"转赠给你了》《立刻》，建议对比阅读。

一篇说的是"慢慢来"，不要急；一篇强调的是"马上去做"，要快。这两篇文章，其实并不矛盾。前者说的是积累，是我们对过程应有的态度；后者强调的是行动力，是我们对起点的毫不含糊。后者建议我们不要拖延磨蹭，"尽快启程"；前者说的是我们在路上，要慢慢走，欣赏沿路的风景。不是所有的事情，都"不要急"，有些事就是火烧眉毛的；也不是所有的事情，都必须"立刻动手"，有些事缓缓也许能做得更好。

有时候，在同一件事上，也讲究快与慢。

去年，温州研训员陈秋莲老师跟我约课，课题是《大道之行也》。我喜欢这种富有挑战性的"点菜式"约课，就愉快答应了。等到真正开始研读文本，才发现很难，进不去。于是我就从当当网下单，购买《礼记译注》，断断续续读了有半年，越读越觉得不敢下手，就暂时搁置了。后来我们七省九地教研共同体活动在成都双流举行，遇到陈老师，我没敢提这个劳什子的"大道"，陈老师善解人意，也没有追问。这次，我应邀组建"徐杰老师的备课室"，在做本学期集体备课计划的时候，我立刻想到了《大道之行也》。彼时虽然还没有成熟的构思，但我还是立刻将这个课题写上去，没有丝毫犹豫。慢，慢慢准备，是蕴蓄；快，赶快动手，不给自己留后路，是决绝。

在语文课上，也要讲究快与慢。曹文轩先生说，阅读当如跑马，有时候需要走马观花，有时候需要勒马细看。这句话也适用于课堂中"快与慢"的节奏感的把握。

我们很多年轻老师上课，偏快，偏急，巴不得学生能"一问就答，一答就对"，稍有迟滞，就急吼吼催促，就迫不及待奉送答案。其实，把迫不及待地奉送答案，变为巧妙地藏掖，慢下来，过程就有了；过程有了，学习就真正发生了。有些课堂环节，需要老师带着学生"在文本中来来回回地走"，这就不能快；有些课堂环节，只是轻浅的过渡，或者铺垫，对它们，浅尝辄止即可，不能慢。轻重缓急有了，课堂的节奏感就有了。

我家朱老师喜欢磨蹭。有时候我们一同出去办事，我都已经换好鞋了，她还没下楼；有时候我都按好电梯，且电梯门都开了，她才慢腾腾地换鞋子。我就建议她学学鲁迅，帽子戴在头上的同时，一只脚几乎同时就跨出去。朱老师总说"不要急"。等到了车上，油门轰响，这女司机开车贼快，坐在副驾驶位置的我，常常心惊肉跳，不断让她"慢一点"。女司机就反过来笑我说：你不是很急吗？这才开 60 迈，再慢，就是电瓶车了。我不敢辩驳，怕影响交通安全。

后来我想，一个人，总是风风火火，或者总是慢条斯理，可能都不大好。徐行与疾走，散步与奔跑，应是人生并存的常态。只是，什么时候快，什么时候慢，考验一个人的智慧。不过也没关系，无论快，还是慢，我们的终点，都是一样的。

老教师也会有手足无措的时刻　　第三辑

没有精心的预设，就难有精彩的生成。没有推动对话的教学智慧，再好的教学预设也难有精彩的生成。

奔跑

我对少年少女的"追星"很审慎。

但这一次，我为一个十五岁孩子的"追星"，为他的奔跑和灿烂的笑，而感动。

2023 年 6 月 15 日，北京梅西之夜，一个少年跳下看台，冲进阿根廷和澳大利亚的比赛场地，和梅西紧紧相拥。少年拥抱过梅西之后，一路奔跑，横穿球场，在喝彩声中，又跑到阿根廷门将大马丁身边，和他击了个掌，然后继续奔跑。他奔跑的样子，真好看！

像一道闪电，像一股旋风。对着手机屏幕，我不由得发出一声轻轻的喟叹：年轻真好！我把这个奔跑的短视频，转发给几个朋友。

一个班主任朋友说：太没有规则意识了，从那么高的看台跳下来，万一骨折了咋办？这可是安全事故。

一个校长朋友说：这孩子，还是要好好教育的，影响我们的国际形象不说，就这样"追星"的方式也要不得，万一其他孩子都效仿，形成破窗效应，像什么话！

一个足球爱好者朋友说：看这孩子的奔跑速度，比我们国足还厉害。好苗子，好苗子！

一个业主朋友说：看那些追他的保安，跑的速度虽然慢了些，但比我们小区的老大爷保安，可是快多喽！

一个作家朋友问我说：在球场上奔跑的，为什么是一个十五岁的孩子，而不是一个成年人？哪怕是一个脑子坏了的成年人？

是啊，在梅西之夜球场上奔跑的，为什么不是一个成年人呢？答案是：成年人懂事啊，要么不敢跑，要么像我这样——腆着大肚腩，跑不动。

从小，我们就被教育"要听话"。我们对学生的教育，也是做听话的孩子，做乖孩子，要守规矩。长大了，我们眼见着身边那些"不听话的人"纷纷被教育，被边缘化，被穿小鞋，看着他们灰头土脸，我们兔死狐悲，我们心有戚戚，我们唯唯诺诺。

每一个成年人的心里，其实都住着一个奔跑的孩子。只是，在生活的压力之下，他们渐渐地忘了，他们曾经也是那个孩子，他们也曾经奔跑过。

据说，"惹事"的少年被抬出去之后，梅西和他的经纪人都为这孩子说情，让主办方不要为难他。所以这孩子被教育了几句，又回到了看台上。这真是一个好结局。

我要感谢梅西，给我们带来了好看的球赛，也给我们的教育，上了生动的一课。

孩子，你要慢慢来

初一期末语文考试，我命题。

第二天，我把试题在公众号上晒了出来。当日阅读量超两万，留言97条。其中有一条留言是这样的：

> 徐老师，您好，我是本届初一考生，"综合性学习"的"杨国忠"一题引起了不小的争议。作为历史课代表，我的答案是"杨国忠是唐玄宗时期独掌朝纲的宰相"，而大部分同学则毫无头绪，请问这道题是想考查学生的什么能力？"综合性学习"的五道题与中考政策背道而驰了吗？这样的题如果出现在中考，会引起舆论吗？此外，"阅读理解"几乎偏离了老师的教学内容模板，我认为是有助于语文学习的，这类像小学题目一样言之有理即可的题目会成为中考的新趋势吗？

我本来想用"你们语文老师会讲评试卷，并回答你的问题"来搪塞一下——因为他关心的问题，一时半会儿真说不清——没想到他的语文老师不但不给力，还倒戈，我一时竟无言以对。

这是昨天夜里的事。

今天上午，在办公室做事，总觉心里不踏实，想想，还是要认真回复一下。

孩子，你要慢慢来。

你看，你这一段留言中，"中考"一词出现了三次。可你，才读初一啊。初一的孩子，如此关注中考，牵挂中考，纠结某个题型将来中考还考不考……太累了。

不过，既然你这么关心中考，我还是先回复你关心的问题。

"综合性学习"这一块，就是考查学生以语文学习为核心的综合能力。杨国忠是一个奸臣，是靠裙带关系上位的，就是他进谗言，把李白排挤出朝廷的……这些东西，可能你的老师课上没讲过，但也许你听说过。或者你看过闲书，比如《安史之乱》，或者去西安旅游时听导游闲聊过，或者假期里看过《大唐荣耀》《杨贵妃》……即使你真的不知道杨国忠是谁，扣了 1 分，这也没关系。我就是想用这种方式告诉你，你要学好语文，就不能只学语文课本。

"综合性学习"这五道题，不仅没有与中考政策背道而驰，而且高度契合了中考对语文能力的考查要求。你看啊，题目的情境是"取名"，但是：皖是中国哪个省，考地理常识；"见贤思齐"，考《论语》中的经典名句；二十四节气之首"立春"，考传统文化常识；"瑜""瑾"，从"斜王旁"角度考母语的造字法常识……一句话，就是考你的语文积累。

从中考命题的趋势来看，越来越重视积累。请注意，这里的"积累"绝非死记硬背。同时，命题也越来越灵活。那种落后的命题模式，靠死记硬背、题海战术以及套路答题就能拿高分的现象，在语文学科考查上，将不复存在。这也就可以解释，有一些同学所反馈的，为什么"平常复习的一道题都没考到"。这些题是在考你们的理解、欣赏、分析、迁移和运用啊。

我敢跟你打赌：这样的试题，未来将会出现在无锡中考或江苏省中考试卷里。现在的温州中考卷、嘉兴中考卷、山西中考卷、南京中考卷等，有很多的题目，比徐老师命制的更灵活，更"前卫"。

我记得十年前，我刚做教研员的时候，在全市推动名著阅读，很多家长、老师、校长都不理解，甚至还有家长举报我。现在来看呢？统编教材六年前明确了整本书阅读书目，两年前，国家新课程标准明确提出"整本书阅读任务群"。当其他地区的老师磕磕绊绊，不知道如何导读名著的时候，我们江阴初语已经实践了十年。我说这话，并不是炫耀我有多高明。请你相信，一个拥有三十年教龄的语文老师，对未来教学与考评的价值判断，不会错。

我很高兴，你居然也认为，我这样的命题，虽然偏离了老师课堂教学内容模板，但是有助于语文学习。为你有这样的见识，点赞！同时，我又多么汗颜呐。我做教研员十年了，我们一线仍然有不少老师的教学，有"模板"或"模板痕迹"。语文教学最忌千篇一律，因为——每一个文本，都是具有鲜明独特个性的生命，我们的阅读教学，应当千姿百态。我要把你的这句话，转给我们每一位语文老师看看。

今天，有些人把语文教死了，这还不可怕；最可怕的是，他们拒绝改变，拒绝突破自己那些落后的教学"前经验"，且还一本正经地告诉你："徐老师要是中考这么出卷，会被骂的。"——他难道不晓得，真要让我领衔出中考卷，我是一个不怕骂的人呐。

我再偷偷告诉你一句：徐老师这样的卷子，你要是能考好了，无锡中考卷，那还不是小菜一碟吗！——换句话说，如果我这样的卷子，你没考好，你觉得去做中规中矩的本地中考卷，就能得高分啦？悬！

好了，你十分关心的中考话题，我们就聊到这儿。

想多说两句。

我一直坚持，初一的期末试题不跟中考的题型"接轨"。我认为初一的孩子，应该有更多的时间和更平和的心境，在语言文字的花园里慢慢走，慢慢欣赏。

就像每一个节气都是生命的有序安排，春天适合播种，夏天适合锄草、松土、施肥，秋天收获。你在春天就惦记着收获，就纠结秋天的天气和收成，这就违反了"节令"。

孩子，你不要急。

读书，学习，是一辈子的事。语文学习是农业，你见过不经岁月、不经风霜而甜美的果子吗？坚持阅读、思考和写作，在时间的长河里沉淀，那就是意义，当然，做好这一切也都是有用的。

静静地读好一本书，读好一本又一本书，当然不可能立马就能提分，但是，你读过的书，走过的路，看过的风景，都将成为你的见识。而见识，是你人生中最宝贵的精神财富。

有阅读和思考打底，两年之后的中考，五年之后的高考，以及未来人生路上的各种各样的"考"，你就都能坦然面对了。

考完了，把分数啊名次啊什么的，先放一放，去补觉，学学游泳啊，摄影啊，约朋友踢踢球啊，出去旅游啊……可以不补课，但不能不读书。

唯有阅读，才能把人类最宝贵的精神财富，据为己有。一个喜欢读书的人，还会惧怕中考那几道语文题？

老教师也会有手足无措的时刻

那节课，我们一起读绘本故事《开往远方的列车》。

因为是熟课，我也就驾轻就熟。课堂的呈现与走向，也几乎都沿着我的预设行进，听课的老师不时发出会心的笑声，间或还有老师不由自主地为孩子们的表现鼓掌。意外，是在下课前五分钟的时候，突然发生的。

圣克里之家孤儿院的孩子们，一个一个，都被领养走了，列车到最后一站了，站台上只有一对年老的夫妇。丈夫头发都白了，佝偻着背，妻子又矮又胖，还戴着一顶软塌塌的男士黑帽子。——妈妈不在这里。女人很坦诚地告诉玛莉安，他们本来是想收养一个男孩；男人急忙补充，说他们也喜欢女孩……女人很懂得那种没人要的感受，她说：孩子，有时候，你最后得到的，比你原先想要的更好。故事讲到这里，孩子们紧张的神情终于放松下来，他们一直为玛莉安的命运担着心呢。这时，我设计了这样一个阅读活动——看图说话，说说玛莉安把那根羽毛送给白太太是怎么送的。在孩子们分享交流以后，我告诉他们，原文是这样说的："我掏出羽毛，轻轻抚平它，递给白太太，她高兴地接过去，把它插在帽檐上。它插在那里的样子很好看，好像它本来就应该属于那里，好像，它终于找到了自己的地方……"坐在前排中间的那个女生，突然哭了。

我不能无视这个孩子的表现。可是，我一时间还真的没有反应过来我应该怎么办。装作什么都没发生？表扬她？安慰她？好像都不妥。我只能暂时先请她站起来，递给她话筒，请她说说自己的阅读感受。女孩抽噎着说了几句话，她说，她特别心疼玛莉安，又为她终于找到了新家而高兴。教室里有好几个女生的眼圈都红了。我说，你们读懂了这个故事，你们的情商很高。现在想来，这应该是最蹩脚的课堂评价。接下来，大家都平复了情绪。课堂，也按照预设的那样，顺利结束了。

可是我的心，已经乱了一地，而且都不知道怎么收拾。那个女生的眼泪，一直盈在心间，久久不去。听课老师给了我很高的评价，掌声很真诚，可我却不能释怀，总觉得辜负了那个孩子，辜负了她的哽咽和眼泪。我常常想，如果这节课可以重来，我该怎么处理课堂上那个突发的瞬间呢？或者，就让那样的遗憾，一直留在那里吧，就让它静静地蜷伏在我的记忆里。那，不正是我努力前行的动力吗？

初中阶段遇到一个好语文老师有多重要

我小学毕业考试，数学 99 分，语文才 72 分。

升入初中，我依然喜欢看课外书，但就是不喜欢上语文课，尤其反感背书和抄写生字词。所以语文成绩在班里一直是中等偏下的水平，直到遇见了吴宗林先生。

吴先生教语文，很是与众不同。

他从不罚抄生字词。他也让我们背书，但很少要求整篇整篇地背诵。他上课不喜欢分段，更不会把段落大意写在黑板上让我们抄下来。每篇课文的"中心思想"也是少不了的，但他往往让我们先说。

吴先生朗读课文很好听，有时候，他还会给我们朗读课本以外的好文章，并且读到得意的时候，也会抑扬顿挫……

我喜欢上了吴先生的语文课。

吴先生对我特别好。多年以后，我明白了，那就叫"偏爱"。

我和吴先生是同一个村子的，吴先生是我们村考出去的第一个大学生。吴先生对我好，大约是希望我也能考出去吧。

吴先生对我的"好"，首先体现在课堂上。他提一个问题——这问题肯定是向全班发问的，但我总感觉，他的目光总会扫过我，于是我就举手，只要我举手，吴先生总会微笑着看着我，让我站起来回答问题。

有时候，同学们对同一个问题回答了不同的答案，吴先生常常说，我请徐杰同学来做裁判。我那时知道自己身负裁判的重任，听课就特别认真。

我的语文成绩进步很快。不久，吴先生就让我做了他的语文课代表。

记得有一次，吴先生给我们讲完《春》，笑着问我们想不想听听他写的作文。

我们当然要听，那毕竟是我们第一次听语文老师写的作文啊。

吴先生写的是《美丽的红卫河》。红卫河，从我们村里穿过，是我们的母亲河。听吴先生读作文，我惊喜地发现，那些司空见惯的河边场景，在先生的笔下，居然那样优美恬静。

文字的力量啊，真神奇。

课后，吴先生跟我说：红卫河很美，我只写了它美的十分之一，你要不也试试看？

我就试着写了一篇，具体写了什么已经不记得了，但我记得，吴先生喊我到他的宿舍去，当面给我批作文。还给了我一个大肉包，算是奖励。

初三的时候，我写了一篇作文，吴先生帮我修改之后，写了评语，推荐到县里的《中学生优秀作文选》发表了。

我做了教研员之后，每学期都要在全市遴选优秀作文。每三年，出版一期《江阴市初中生优秀作文精选》，迄今为止已经出版了三期。

我想，几百个小作者中，哪怕有一个孩子，因为他的作文被发表而受到鼓舞，从而喜欢语文，喜欢写作，我们编辑团队付出的辛劳，就是值得的。

感谢吴先生。

吴先生在学校有一间宿舍。

我有特权，可以去先生的宿舍坐坐，有时候还能蹭一顿饭——我那时住学生宿舍，吃食堂，寡淡得很。

记得有一天，我早上去食堂晚了些，看到学生食堂的窗口已经关了，就快快地去教室上早读。吴先生见我没精神，问我怎么了，我告诉他，没赶上食堂的早饭。吴先生说他去看看教工食堂还有没有。不一会儿，他回到教室，漫不经心地巡视早读，经过我课桌旁的时候，他弯下腰，开心而神秘地跟我说：有粥，还有搭粥的小菜呢！

下课后，我去他宿舍，桌上果然有一碗白粥，还有一个小碟子，碟子里是一块红油腐乳，它红艳艳的，红得很好看。

那碗白粥，还有那方红油腐乳，我惦记了很多年。

有一个周末，学校放假了，不记得啥原因，我没有回家。

宿舍里就我一个人，那个宿舍是一间大教室改建的，空荡荡的。窗外黑咕隆咚，风吹过玻璃的缝隙，发出呜呜的声音，令人毛骨悚然。

我不敢睡，去找吴先生。吴先生得知我一个人睡宿舍，就说：你今晚就跟我睡吧。

那时，天已经有点热了，蚊子也已经出来了，吴先生的床上挂着蚊帐。他担心蚊帐里进了蚊子，就用一个碗盛了蚊香，放在蚊帐里，然后拿一把芭蕉扇，轻轻地扇。

我们有一搭没一搭地说着闲话。

很快，我睡着了。

很多回，我都想亲口问问吴先生，可还记得我当年那一晚的"借宿"？但我又不敢问，怕先生说记得，又怕先生说不记得。

初三毕业前，吴先生骑自行车去县城的新华书店，买了一套两本《中国当代优秀文学作品选》，上册送给了我，下册送给了徐伟松。

徐伟松是我的同学，学习成绩比我好，后来读的医学院，现在是南通一家医院的主任医师。

我常常想，如果换作是我，我会不会在烈日下骑车十多里，专门去县城给学生买书？

这么一想，我就很惭愧，总觉得自己教了三十年语文，相比吴先生，仍旧不合格。

我工作以后，跟吴先生时有联系。

朱老师大学毕业后，被分配到吴先生的学校教书，那时他已经是一所完中的校长了。

刚开始，老朱不同意我和他女儿谈恋爱，看起来这个堡垒很难突破。我很苦恼，就跟吴先生说了。吴先生立刻表态，愿意陪我去朱老师家，他要亲自去做说客。

于是，在一个周六的上午，吴先生和我，去拜访老朱。刚下过雨，乡村的土路很泥泞，我们俩深一脚浅一脚地赶到了朱老师的老家。

可能是朱老师这个"人质"在吴先生手里吧，也可能是我们的诚意感动了老朱，抑或是吴先生把我说得太好的缘故……反正，那顿饭之后，老朱就同意朱老师跟我恋爱了。后来结婚的时候，吴先生是我们的证婚人。

十年前吴先生退休了。每到寒暑假，我回老家去，都要去看看吴先生。吴先生见我去，就泡上两杯茶，他一杯，我一杯，我们一边嗑瓜子，一边随意地聊天。聊语文，聊工作，也聊一些家常琐事。吴先生当我是朋友了。

记得那年，我刚到教研员岗位，去看吴先生。先生听说我换了工作，没有长篇大论的谆谆教诲，只交待我一句话：对一线老师要好点。

我点点头。我知道先生所说的"好"，内涵其实很丰富，需要我用心去领会。

我出版第一本书，拿一本送去给吴先生，他摩挲着书的封面，开心得很，说：你比我这个老师有出息！

出版第二本书，我送书给吴先生，他翻开看看目录，说：比第一本更厚实了！

出版第三本书，我去看吴先生，他不看书，只问我：你跟很多名师最大的区别在哪里？本来等着表扬的，被先生突然一问，我愣住了，答不上来。先生就自问自答：你最接地气。

啊！我这个老学生，听到老师这样的表扬，好开心啊。

今天上课时，我心里咯噔了一下

今天，《水浒传》导读二，新课开发，第一次上。

前面很顺畅，师生对话，有序推进。

到了第二个活动环节"酒聚英雄义"，屏幕显示《智取生辰纲》片段，我说：也有人把这个故事称为"七星聚义"，这也是部分英雄第一次聚集，如果把它称为"八星聚义"可不可以？

我的预设是：可以。另外一星是"天暗星"杨志。杨志在这个故事里虽然是七人团队的对手，但从故事未来发展的情况来看，"丢失生辰纲"使杨志无路可走，落草二龙山，最后加盟梁山团队。

但有一个孩子，站起来说：不可以说"八星聚义"，因为晁盖在后来梁山好汉排座次时，没有上合的星。

我的心里咯噔了一下。

我说的"八星聚义"，用意是用带有思辨性的一个话题，力图串起后续的情节。而这个孩子所说，也是有道理的，因为劫取生辰纲的一共八人，晁盖以外七人，均上合星宿，而晁盖确实没有"星"，那么，对这八人团队而言，不能称为"八星聚义"。

是我设置的话题有问题？

不，话题没有问题。是课堂上生成的这个问题，不在我的预设中。怎么回应这个孩子的回答呢？

我当时心里有点纠结。一则，我读《水浒传》多遍，自以为读得熟透，却从未在意《智取生辰纲》的"七星聚义"，晁盖不在"七星"之中；二则，这个同学提出问题之后，我想起晁盖确实不是"星"，既然领头人不是"星"，那手下七个人叫"七星聚义"又怎么解释呢？

我隐约记得，晁盖是做过一个梦的，梦见北斗七星，但这个梦的详情却又记得不甚明了。怎么办？如果当场停下来，仔细翻书，是可以找到答案的。但公开课，我不得不计算时间成本。

纠结了五秒钟。

我决定还是"滑过去"。于是我说，晁盖是不是"星"，我们今天这节课暂不讨论，我们只关注一下，《智取生辰纲》这个故事，如果要叫"八星聚义"，你们觉得哪个人可以算进去？

自然，随即，有孩子举手，说杨志可以算进去……

课，最后还是基本达到预期的。

一下课，到了车上，我马上拿出《水浒传》，去读，去找答案，随即，我给今天上课班级的语文老师小顾发了条微信，内容是这样的：

> 劫取生辰纲的共八人，之所以说是"七星聚义"，故事中有交代。在商议怎样夺取生辰纲的时候，晁盖说夜里梦见北斗七星坠落屋脊，一柄星白光而去。吴用说这是好迹象，这是上天要我们劫取生辰纲。

离去的星白光应是晁盖，说明晁盖虽是打劫团队的领头人，但他是七星之外的人。因为从后续故事来看，晁盖攻打曾头市被史文恭毒箭射死，如此照应过来，我们知道，"一柄星白光而去"，暗示晁盖英年早逝，等不得梁山英雄排座次，故不在一百零八星之列。

"八星聚义"这个课堂环节，我自己是很不满意的，即便是新课开发首次上，我仍不能原谅自己。

虽然说，课堂是有缺憾的艺术，但我对这个问题的蹩脚处理，毕竟暴露出自己对学情的预估不足，对原著的阅读不透。

这次的"咯噔"，是教训。

好学生其实更难教

前几天，我在微信公众号上推送了一节视频课。上课的对象，是苏州一重点中学的学生。这些孩子的语文基础确实很好，所以课堂呈现比较精彩。

有老师给我留言，说这个班真好，而他在西部农村学校教书，学生太差。言外之意是，他觉得自己的课不好，主要原因是生源基础不好。

我说，好学生其实更难教。

我说这个话是有依据的。

我曾经因为数学不及格，高考差一分而落榜，补习了一年。当时我们那个补习班的人，是在全县落榜文科生中择优录取的。很多同学成绩不差，只是运气差了些而已。教我们这个班的老师，有些业务水平高，"吃得住"；而有两个老师，水平略低些，就常常遭到我们的"戏弄"。

所谓的"戏弄"，大多数情况下，是故意拿个难题请教老师，然后瞧老师做不出来的尴尬样。或者老师给出了答案，提问者慢慢拿出教辅附录的答案，说："老师，参考答案不是这样的。"也有胆大一些的同学，上课时举手，与老师"商榷"，老师招架不住，只好说："你说的也有道理，我们课后再讨论。"下课铃一响，老师卷起讲义急急地就"逃"走了……

有一年，"语文报杯"课堂大赛在安徽黄山举办，我亲眼看见，一位参赛选手遇到了"好班"，却遭了噩运。

那个班的孩子确实非常优秀，上课才几分钟，他们大约感觉到这个老师水平很 LOW，于是不谋而合地开始"戏弄"老师。

他们故意岔开话题，故意偏读文本，故意逗乐老师……于是我们很痛心地看着自己的同行，手忙脚乱，词不达意，灰头土脸，被一群学生"玩弄于股掌"。

不要以为教好学生是多容易的事。

教好学生，要教他们"不懂的东西"，要提升他们的思维品质，要让他们好上更好，这是非常艰难的事。

于是，我们很多老师热衷于"揪差生"。

揪差生，成本小，收益大。

将倒数十名的学生捉过来，把生字词、文言字词解释和名句默写这三块抓住了，天天盯，天天默。只要功夫深，铁杵磨成针，月考和期中期末考，平均分肯定不吃亏。

如果同组老师也这么抓，你怎么领先呢？你就中午不休息。如果同组老师中午也不休息了，你就课间休息时见缝插针拎两个来默写。如果同组老师课间休息时间也利用起来了，你就想办法抢占其他学科的课，另外，不是还有延时服务时间吗……

长年累月揪差生，抓默写，兢兢业业，看起来难，其实最不累。为啥？因为这都是体力活啊，不伤脑细胞的。有很多家长还想尽一切办法，把自家孩子塞进这样的老师教的班，为啥？严格、认真、负责、考得好呗。

现在，"差生"是各科老师眼里的香饽饽。我常常看到，某个"差生"被语数外三个老师"抢"。因为，他是语数外老师"保均分"的重点关注对象。不信你去看，自习课啊，午休课啊，延时服务课啊，那些课上"无人问津"的学生，最受青睐。

怪不得很多优秀的学生毕业后，并不感激他们的老师，因为在很多时候，他们是自己生长的。做老师的，能够不耽误他们，能够保护他们的学习积极性，就对得起那些优秀学生了。

如果真的给你一个"好"班，你有信心教好他们吗？

我辈多是蓬蒿人

人到中年，我们不得不面对这样的现实，曾经的豪言万丈，都成了轻语嗟叹；曾经的壮志凌云，都成了坐看云起。

我们中大多数，不，绝大多数，都是普通人。

李白说"我辈岂是蓬蒿人"，其实他真正想表达的是"我岂是蓬蒿人"，他怎能为他那辈人代言？他当年那辈人中的绝大多数，注定只能是蓬蒿人。

中年人不跟自己过不去，与生活握手言和，最主要的标志，就是坦然接受自己是普通人这一事实。

成不了大树，做不了鲲鹏，那就做蓬蒿吧。芸芸众生，周围都是蓬蒿，就过普通蓬蒿的生活，有啥不好呢？

这一株蓬蒿，沐浴过太阳的光辉，欣赏过皎洁的月色，也曾被春风轻轻唤醒，也曾在烈日和暴雨中抗争过……它见证过生命的成长，它认真地活过。

但有很多中年人不甘心啊。

他们自己是普通人，他们知道自己终究是普通人，但他们希望自己的孩子，能够逆天改命，做人上人。

　　他们不知道的是，不要说他们的孩子，长大后绝大多数都是普通人，就是那些高大粗壮的蓬蒿的孩子，甚至大树的孩子，也有极大的可能，最终长成蓬蒿或者灌木。

　　我曾经教过一个孩子，很文静的一个男生，成绩中等，性格也很好，就是不够"努力"。孩子的爸妈都是南菁高中毕业的高才生，事业发展都很成功。

　　孩子爸妈那个急啊，跟我交流时，说到他们的儿子，常常流露出恨铁不成钢的懊恼。我就答应帮他们找孩子谈谈，看看能不能拿父母的荣光，给孩子打打鸡血。结果孩子跟我说："徐老师，我爸妈都是学霸，事业上也是挺厉害的人，可是，我只想做个普通人。"

　　我觉得一个孩子想做个普通人，也没啥不对啊，就回过头再去做家长的工作。

　　现在，这孩子已经工作了，是一个普通劳动者。我有一次在街上遇到他，看他快乐而阳光的样子，真为他高兴。

　　我们接受自己是一株蓬蒿，但这并不意味着就可以心安理得地"躺平"。

　　做蓬蒿，也要像个蓬蒿的样子。

　　蓬蒿的样子，就是自由生长的样子。

　　当然，也是努力修炼的样子。

　　我这么说，并非要让一株蓬蒿，打鸡血，喊口号，非要成为参天大树。

　　蓬蒿的修炼，可以让它遇到更美的自己，遇到更美的蓬蒿，不也挺好？

　　你看猪八戒，从天庭下到凡间，刚开始只惦记着高老庄每顿饭有一百个馒头，还有那高小姐；跟唐僧取经，刚开始一段时间，动辄就喊散伙，就想回高老庄；慢慢地修炼，后来就再不提高小姐……即使是一头猪，也有作为这头猪的使命，也要活出这头猪的神采，八戒做到了。

说到猪，就不得不说一下衡水的张同学，他的演讲词"即使是乡下的土猪，也要立志去拱了城里的白菜"，引起了很大的反响。

依我看，这孩子立志勤奋努力，通过高考改变命运，这没错。哪个年轻人不曾有过梦想有过狂言？这孩子一不偷二不抢，就想靠着头悬梁锥刺股出人头地，有啥不对吗？他只是被不怀好意的成人和媒体利用罢了。

但这里还有一个问题，张同学勤奋读书，如果只是为了书中的"颜如玉"和"黄金屋"，只是为了"拱城里的白菜"，那就未免太没出息了。

在高压的学习环境下，如果张同学有幸能够突围出去，反思和修正自己看待世界的思维方式，这只"土猪"才能脱胎换骨。

不然，即使"土猪"进了城，最多也不过是把乡下的栅栏，随身背着进了城，而已。

"共生"，美丽的课堂风景

曾在沿河土家族自治县第四中学教读《愚公移山》，有一个环节是这样的："河曲智叟笑而止之"，说说这里的"笑"有什么内涵？学生说，是"嘲笑"。我让他们为智叟补白几句"嘲笑"的心理活动。然后，我又问："北山愚公长息曰"这个句子里能不能也加一个"笑"字？他们说，可以加，然后就读起来，有读"北山愚公笑，长息曰"，也有读"北山愚公长息而笑曰"。我就顺势问：这里愚公的"笑"有什么意味呢？他们说，是自信的笑。我就请他们读课文，读愚公反驳智叟的那段话，讨论怎么才能读出"自信"的味道来。

读完，我说，听了愚公一席话，智叟"亡以应"是啥意思呢？学生说："没有应答。"我说，这个"亡以应"前面能加一个"笑"吗？"河曲智叟笑而不应"，可不可以？他们都说可以。于是我又追问：那么，这里的"笑"又有什么意味呢？一个女生站起来说：智叟可能觉得愚公太顽固，没必要再跟他多讲，"笑"是不屑一顾；还有一种可能，智叟被愚公说服了，露出了赞赏的笑容。

本来，课堂行进到这里，我完全可以见好就收的。但我觉得，此刻课堂对话应该还有空间，于是就问大家："如果智叟真的被愚公说服，除了笑，除了不说话，他还可能做什么呢?"有个男生说："跳往助之。"我也笑，对他说：智叟年龄也不小了，能跳吗? 另外一个孩子马上补充说"走往助之"，我告诉他说，"走"在古代的意思是"跑"。另外一个孩子马上改口说"行往助之"，我笑，表扬他说得对，并强调说：行，在古代的意思是"慢慢地走"。然后借自己的网名"吟啸徐行"深入：你们知道这个名字的意思吗? 他们都笑，说知道知道。

我说，回过头来看，如果智叟真被说服，作者肯定要补写一笔的，但作者在这里没写，我以为更大的可能性，是智叟被呛之后，还是不服气，但觉得再争下去没意思了，所以不说话。孩子们纷纷点头表示同意。

下课之后，我回忆课堂上这段师生对话，觉得挺有意思的。

之所以觉得"有意思"，一是因为这段对话本不在我的教学预设中，属于"意外的收获"；二是因为我发现了对话中一个有价值的"点"，没有点到即止，而是穷追不舍，逼着学生读出了更多的东西，这是师生之间的"共生"；三是通过这段对话，似乎在文本里读到了新的东西，扩展了文本的内涵，这又是师生活动与文本之间的"共生"。

后来我又想，这个活动片段之所以"有意思"，追根究底，还是因为我设置的那个"补笑"的环节，是这个活动设置本身具有生长的空间。而我后来所做的，只是努力培育它的生长力而已。

是不是可以这样说：

没有精心的预设，就难有精彩的生成。没有推动对话的教学智慧，再好的教学预设也难有精彩的生成。

黄厚江老师提出的"共生教学"，确实值得我们一线老师去研究，去实践。

课堂上，我把教案改了又改

上午我听一节课，上一节课，我上的课题是《我的叔叔于勒》。学生的基础虽然不大好，但在课堂上，我慢慢地添柴，水终于烧热。一个老师告诉我，从不开口的两个学生，居然主动举手了。还有老师告诉我，说这个班有个孩子智商有问题，今天居然回答问题，说得还挺好呢。

所以，上午评课交流的时候，我跟老师们说，你没有选择学生的权利，所以不管怎样的学生，到了你的班级，你都要一视同仁地对待。我还说，如果学生一问就答，一答就对，这样的课堂其实并没有"教"，因为人家本来就基因好。教学的意义在于，教不懂的学生，教学生不懂的东西。那些特别优秀的学生，你想把他教差了都是不容易的。

下午，还是听一节课，再上一节课，我上的课题是《动物笑谈》。

这是一节比较成熟的自读课，选这节课，是因为本地区至今还不曾组织过统编新教材的培训，老师们还不知道什么叫自读课。

教学预设我就不说了，有兴趣的老师可以去看我公众号的课堂实录。上课伊始，我先暖场，感觉这些孩子挺活泼可爱的，也不怯场，我也就满心期待着，彼此可以自由地徜徉在语文课堂里。

检查预习环节，发现学生一脸茫然，我就走到他们中间去，发现他们的课本上干干净净。孩子们告诉我说，老师没布置预习。天啊！我可是把预习要求提前几天通知过来的啊。上午的课，都有预习，怎么下午的课就不布置预习了呢？

但这个时候责怪谁都没用。我就把教案作了临时调整。

我说，徐老师给大家十分钟的时间，静静地读书，然后，你们告诉我，劳伦兹家的小动物，是怎样的好玩好笑。

说完，我在黑板上写了一个时间3：03，这是开始读书的时间。

我心里想，预设中的第四个环节，"读写结合，为劳伦兹辩护"，就删了吧。

学生静静地读书，我下讲台巡视，赫然发现，有将近一半的学生，居然都不知道一边读书一边标记节次。于是我就用表扬的方式提醒他们说，有些同学的读书习惯很好，一边读书一边标记节次。这样一说，有一部分孩子拿起笔，开始边读书边标节次。我扫视全场，发现仍有五六个孩子不为所动，于是我就凑过去，一个一个提醒。

心里有点惴惴的。

十分钟时间转瞬即过，我请同学们分享自己的发现。没有一个孩子举手。没关系，我先示范，说了一个小动物的好玩之处：可可衔着毛线头，把它一圈一圈缠绕在树上……说完，我心里想，先选那些看起来机灵的孩子回答。前两个孩子站起来，不说话。我等了一会儿，确认他们是真的不知道怎么回答，就喊了第三个孩子，因为这个孩子跟我有目光的交流。他发现了一个好笑的情节，就是可可把老教授身上的扣子都咬下来了，并且还分类堆放。我顺势追问，用"咬"合不合适？这次终于有个孩子举手，说应该用"啄"，因为是鸟嘴。我就继续追问：为什么课文里用"咬"呢？另外一个孩子举手说，是用了拟人的方法，把这个鸟当人来写了。

我很欣慰，紧绷的心终于松了一点。

我又继续问，还有哪些地方也写了小动物的好玩好笑呢？

我以为会有孩子不断举手补充的，可是没有，一个都没有。

我不死心，接连喊了两个孩子，他们依然是站起来不说话。我放下的心，又悬起来了。

我说，徐老师再给大家五分钟时间读书，这一次不是默读全文，而是请大家去寻找那些描写小动物的好玩的句子。

我又一次在黑板上标记了时间，3：23。然后继续巡视。

我在心里对自己说，把预设中第三个环节，"快速默读课文，画出特别好笑的句子，连读，说说它们为什么读来好笑"也删掉吧。看样子，今天这节课能把预设的第一个和第二个环节做好就不错了。

陌生文本，现场预习，如果能完成两个环节，真的不错呢。而且，这两个环节之间还有着层次的递升，加上两次读书，也算得上一个完整的课堂结构。

五分钟时间，一眨眼就过了。

我请孩子们继续分享。为了"逼"他们动脑筋，我说，这次我喊第一排全体同学"开火车"回答。我心里想的是，这一排的孩子，在前面同学发言的时候，知道后面会轮到自己，一定是要努力动脑的。

第一个女生，看看我，不说话。

第二个女生，不看我，也不说话。

第三个男生，支支吾吾说了两个词，我也没听清，再问，他坚决不肯再说半个字。

第四个男生终于说话了，却是把我刚才示范的例子重复了一遍。我提醒他说，这个徐老师刚刚已经说过了，他抬起头很诧异地看着我，仿佛在问我，你啥时说过？我说，你能不能再说一个呢？他说，不能。

第五个男生不说话。而且，他居然还笑了一下，又笑了一下。我不能发火，只好笑着说，要么你再读读书，再想想？

终于第二排有两个男生举手，虽然说得不够好，但我仍然热情表扬了他们，其实我心里是在感谢他们啊，这是在给俺老徐救场啊。不是感谢，是感激。然后右边又有两个女生举手，其中一个是把前面男生的回答重复了一下，我说，这个刚刚那个男生讲过了。女孩子看向我，轻轻说，没有啊。

我只好用开玩笑的口吻说，上课听讲不认真，可是要打屁股的哦。我是真想打屁股！

有一个男生，分享自己的发现，他没有用自己的话说，而是磕磕绊绊地读了一段课文，就是第九小节。这部分内容确实描写了小鸭子的淘气好笑。

我想，能发现句子，已经不错了。只是读得实在不敢恭维啊。一瞬间，我心里有了决定，把第二个环节剁掉，让孩子们把书读好吧。

哪怕，第二个环节是我最得意的一个设计。

我说，这一段确实很好玩很好笑，但这位同学读的，我们听来却并不觉得好笑，问题在哪里呢？

另一个男生提了两点朗读建议，我就让他试着读一下，果然有了点味道。于是我让孩子们注意重音和语气，自己揣摩着，把这节文字自由朗读。我提出的朗读目标，有两个：一、通顺流畅；二、好笑的味道。他们就自己读，琅琅读书的声音，把刚才的冷清，中和了。

他们大约读了四五遍。停下来，请一位男生读，好多了。刚才第一次读得踉踉跄跄的那个男生，主动申请，说想再读一次。

我就请他再读。这一遍，果然有进步，我表扬了他。

然后，我说，这篇课文里，还有很多好玩好笑的地方，你们回去再慢慢读，好吗？

他们大声地回答，好！

然后我们就下课了。

语文老师在课堂上要熬住了少讲话

在评课的时候，我反复跟老师们强调的一句话，是"语文老师在课堂上要熬住了少讲话"。

因为很多语文老师，一到了课堂上，就唯恐学生说不好，唯恐学生说不到，于是越俎代庖，直接替代学生说；也有老师不待学生把话说完，抢着话头去说；更有老师喜欢说前半句，或者说大半句，让学生去填空说……一句话，就是不放心学生去说。

问题是，你越不放心他说，越代替他说，他就越不能说；他越不能说，老师越要代替他说……于是进入一个死循环。

常常听有的语文老师抱怨，说："这个问题我已经讲过了，学生怎么还出错呢？"我觉得，这个问题你没有讲过，学生错了，这可能不是你的错；但这个问题你讲过了，学生还错，那就是你的错——说明你没有讲明白，没有讲透彻，没有讲到位。

也有老师批评学生，说："这个问题我已经讲过五遍了，你怎么还不懂呢？"言外之意是说学生笨。换个角度想，一个问题，你都讲了五遍了，别人还没明白，你说是听的人笨，还是讲的人笨呢？

说到底，语文教学，不能靠"讲"混日子。

有一次，我在常州讲学，跟老师们说过这样几句话，我厚颜无耻地称之为"教学格言"——不讲也会的，坚决不讲；一讲就会的，尽量少讲；怎么讲都不会的，没必要去讲。总之，不要多讲。

有两次去基层学校督导，看到有语文老师腰间绑着一个"小蜜蜂"（小扩音器），声音沙哑了，依然在声嘶力竭地讲课。我就跟老师说，你这工作态度令人钦佩，但我丝毫不同情你。

讲那么多干什么？讲那么多有用吗？

青蛙整夜整夜地叫，没人在意它；雄鸡一唱天下白，天下震动。试想，如果这公鸡也是整夜整夜地叫唤，可能早就成红烧鸡块了。

我们语文老师在课堂上熬住了少讲话，那么，学生就占有了更多时间，来读书和思考，甚至被逼着多说话。

我们喊了那么多年"学生为主体"，为什么就不舍得，在课堂上给学生充分的话语权呢？

他如果说得不完整，说得不漂亮，其他人就帮他说得更好些；他如果说错了，说偏了，其他人就帮他调整思路重新说。让学生互帮互评，让学生多讲，总比老师一个人唱独角戏滔滔不绝地讲要好得多。

老师熬住了少讲话，还有一层意思，就是要把讲答案、讲知识、讲结论，巧妙藏掖起来，设计形式丰富的课堂活动，让学生去寻找，去探究。你把答案讲给他听，那个答案就是一个死的结论。在语文教学中，结论固然重要，但有比结论更重要的，那就是"过程"。

老师总是讲结论，忽略了得到这个结论的过程，也就省略了学习的过程。一句话，老师讲得太多的课，讲太多结论的课，往往就属于"有教无学"的课。

在课堂上唠唠叨叨，一讲到底，这往往是最没出息的语文老师的最没出息的举动。

因为只管自己讲，是最省力的，他不需要考虑怎么启发，怎么诱导，怎么牵引，怎么总结提升……他甚至都可以不考虑学生懂没懂，懂了多少。

只管自己讲，还能在这种唾沫飞溅、滔滔不绝中找到很好的自我感觉——能讲！再不济，也能在口干舌燥中找到自我安慰，那就是我很累，我很负责，我尽力了。

其实，那是一个老师最无能的表现。

我说语文老师在课堂上要熬住了少讲话，绝不是说让语文老师憋住了做哑巴。当讲之处，当讲之时，还是要站出来讲的，讲好，讲通，讲透。

讲得好，是启发式；讲不好，就是填鸭式。熬住了少讲，不等于不讲。

"好脸色"有多重要

在车上，听到邻座有人打电话，看样子，像是个做老师的。她正在谆谆教导电话那头：新教师进教室千万不要给学生好脸色看，不然他们要蹬鼻子上脸的……

我哑然失笑，忽然就想起了《孔乙己》里面的话：掌柜是一副凶脸孔，主顾也没有好声气，教人活泼不得。

我想，电话那头新入职的年轻教师，肯定会听从这个资深教师的建议，板着面孔，冷着脸，神态庄严地走进教室，开启他的教书生涯。忽然心里有点疼，为那个未曾谋面的新教师，也为他的那群生动活泼的学生娃。

一

每年我都要应邀给新教师做上岗培训。

每次讲座，我都会送给他们三句话：让学生喜欢我这个人，让学生喜欢我的课，让学生终生喜欢我教的学科。

这三句话，前提和基础是"喜欢我这个人"。道理大家都懂，

"亲其师，信其道"。但一旦到了实践层面，到了教室，遇到不听话的熊孩子，我们很多老师就不淡定了，就觉得"威严"很重要，"让学生怕我这个人"就成了首选。

我到学校去督导，发现一个有趣的现象。有些刚入职的年轻教师，课堂教学毫无经验可言，甚至课都不像课的样子，但他们是发自内心地喜欢学生，学生也是真心喜欢他们，愿意跟他们亲近。学期结束，他们班级的考试成绩，居然不比有经验的老教师所带的班级差，有的甚至还要高上一截。

学习，有非智力因素影响；教学，也有非专业因素影响。

二

老师把嫌恶写在脸上，不要以为学生不知道。

有个孩子成绩不好且好动，老师们平日里都不喜欢她，有时候会甩脸色给她看，话里话外的，也有些讥讽和不屑。

一天，这个孩子申请转学了。在离开学校之前，她到办公室，跟班主任道别："老师，我就要回老家读书了，感谢你们对我的宽容。我知道，你们几个老师都不喜欢我，但我还是要来说一声谢谢。"

这话，像耳光一样，打在几个任课老师的脸上。

班主任羞红了脸，什么话都说不出来，办公室陷入了持久的沉默。

三

我刚做老师那几年，脾气也很急。后来，随着年龄的增长，我的脾气越来越好了。

因为我发现，你摆脸拿色给一个孩子看，不但影响了自己的心情，在教育的效果上也未必有用。"差生"怎么了？"差生"也有未来啊。我就跟班上一个入学摸底考试考 18 分的孩子和平相处了三年。

我最欣慰的，是这个班的孩子毕业时，送了我一只水杯，还有一个卡片。卡片里是全体孩子的签名，开头写着——送给我们最温和的徐老师。

我常常想，我们有些老师觉得"差生"影响了平均分，丢了老师的脸面，于是甩脸色给他们看。他们没得选择，只能看你的冷脸。要是学生有选择老师的自由，说不定人家还不肯到你手下读书呢。

如果真的让学生自由选择班级选择老师，我们有很多老师可能招不满一个班，甚至可能做光杆司令。所以，你真要感谢这些孩子被分配到你的班级，来听你的课。是他们成全了你，给了你"练手"的机会。

给学生好脸色，其实也是给自己好脸色；给自己好脸色，也是给家人好脸色。

带着温和的微笑去学校，带着温和的微笑回家来，多好！

胡适先生说，世间最可恶的事莫如一张生气的脸，世间最下流的事莫如把生气的脸摆给旁人看。

跟 "差生" 不需要斗智斗勇

那年，我到了一所新学校，接了一个新生班。

入学摸底考试，分数出来，我班上有一个孩子，考了 18 分。语文考 18 分，这是一个令人震惊的分数。我以为是核分错误，拿着他的试卷，反复看了三遍，确认，这就是他真实的入学成绩。

我不信一个小学毕业生语文基础会差到这个程度，就找这个学生聊了一次。聊完，我才知道，他其实更适合去培智学校。但家长认为，自己的孩子是好苗子，只是没有遇到好老师，所以就想尽办法，择校来我们学校了。我想，此后，每次考试，我们班的语文平均分，都要有至少 1.5 分，支援在他身上了。这孩子告诉我，为了分到我班上，他们家还托了人。我能说什么呢，人家是冲着我来的。

正式上了课，他的表现比我想象中还要糟糕。他几乎，什么都听不懂。回头想，他那个 18 分，估计也有一些是蒙到的。有时候，他给我面子，坐得端正，看起来听得极认真。我很感动，就挑了极简单的问题，喊他起来回答，并且预备好了，只要回答正确，我就热情地表扬他——可是，他站起来，总是用无辜的目光看着我，不说一个字。连续几次，我就不再努力。

我回家跟朱老师说起这个孩子，朱老师比我还着急，她说，要不，等放学了你把他留下来补补课？我说，他的问题，是补课的问题吗？朱老师又说，那会拉低平均分的啊。见朱老师比我还着急，我还反过来安慰她。

这个学生有一点好，就是上课从不捣乱。有时候，他安安静静地睡觉；有时候，他从书包里拿出小人书，津津有味地看；有时候，他把目光投向窗外，一副沉思的模样。我并不批评他，我说，你能听多少，就听多少；我家里有一些小人书，可以借给你看。他脸上会露出少有的笑容，那种羞涩的笑。

他不找我麻烦，所以，我也不找他麻烦。作业，他能做多少，愿做多少，我就批多少。默写，他能默几个生字，就默几个生字。我有时跟他说，你看，这三个生字不难，你要不要再试试？他也听话，就再试试，一会儿找我重默，那三个生字，默对了两个。我就很开心，让他过关，他开心地回自己座位去。那个再次写错的字，就随它去。有什么关系呢？

就这样，我们相安无事，走过了三年。我也从来没有奢望过，在他身上会出现什么奇迹。我知道，奇迹也不会凭空落下来，砸在他的头上。中考前，我找到他，说，这三年，徐老师有没有为难过你啊？他说，没有。我又说，这三年，你拉了徐老师很多平均分，我都没在乎，现在要中考了，你能不能为徐老师做点事呢？他沉默一阵，然后很坚定地说，能！我说，这里有 50 句古诗名句，你每天默写 5 句，默了后面，再巩固前面，每天默，坚持到中考，有没有问题？他说，没问题。我又拿出两份作文，我说，这是两篇范文，你能不能用一个月时间，背下来呢？他犹豫了一阵，说，我试试看。

考场外，我对他说，考作文时，你就想想两篇作文中，哪篇跟题目靠得近，然后呢，把题目里的词语，无论如何都要塞进作文里，要是能多塞几次，你就成功了。他眼圈红了，说，徐老师，谢谢你。这是我教他三年来，他第一次跟我说谢谢。我拍拍他的肩，目送他走进考场。其实，这三年，他能坚持下来，真的很不容易。让你我坐教室里，听三年法语课试试？

中考揭晓，语文总分 130 分，他拿了 78 分。78 分，是刚刚及格的分数。然而对于他，却是高分了。是三年来，他拿的最高分。当然，凭那点可怜的分数，他不可能读高中。后来他去了哪里读书，我就不知道了。但我始终相信，这个孩子，他的未来，一定能被生活温柔以待。

我想再看一回晚自习

　　首先申明：我痛恨看晚自习，跟痛恨看早读课一样。

　　扳着手指头数一数，工作三十一年了，有九年看晚自习经历。这不算长，但每每想起看晚自习的那个时间段，就觉得时光很长。

　　有时候，看晚自习还不算，还得在晚自习结束后，尾随学生到宿舍，等到熄灯之后，检查就寝情况，静等十分钟后，才披着浓浓夜色，匆匆回家。

　　值班看晚自习的一天，总感觉是不完整的，是没有自己的生活的，痛苦煎熬的一天——那时，我看晚自习，毕竟是为住校生服务。现在，据说，很多走读的初中生都"自愿"上晚自习了，那么，老师"自愿"值班也许就天经地义了吧！

　　回归正题。我为什么突然想要再看一回晚自习呢？是忆苦思甜？是作秀标榜？是心血来潮？……都不是。

　　事情的原委是这样的。在某地借班上课，教读《社戏》，其中有一个活动环节："夜本来是黑的，但看社戏的那一晚，迅哥儿眼里的夜却是有色彩的，读课文，说说你发现了哪些颜色。"孩子们读书，思考，分享。

有一个孩子说到了"月亮",说它是"白"的。这没错,但我不甘心,追问。另一个孩子说"皎洁",还有一个孩子说"洁白"。我本来想提醒孩子们,小学时候应该学过《少年闰土》,里面有"深蓝的夜空中,挂着一轮金黄的圆月",但是我又想,这样从课本里认识的"月亮"毕竟不是他们用眼睛看到的"月亮",所以还是算了。

今天的孩子,提及月亮,被问到月亮的颜色,只有"白",只有"洁白",只有"皎洁",这里有什么问题呢?我想,问题出在我们的教育,与生活严重脱节但与考试紧密关联。

月亮的颜色,本来也应该是斑斓的。我见过的,月亮的颜色,有红色、蓝色、橙色、粉色、灰色、白色,最常见的是黄色。迅哥儿看社戏那个晚上,看到的月亮,我想最有可能是银白色。因为我常常在江南水乡的夜色里散步,那时的月亮正是银白色。

课本里,字典里,常常有"月色皎洁"。对"皎洁"的解释就是:明亮而洁白。这个解释没错,但如果,我们在一个月色皎洁的夜晚,让自己闲下来,让自己静下来,去看看那月亮,我们也许就会发现,用"明亮洁白"修饰月亮或月色,那是多么的苍白啊。

日光是明亮的,月光也用"明亮"吗?月亮可能是"明"的,也是"亮"的,但偏偏就不是"明亮"的;是"白"的,但好像又不是"洁白"的,更不是"亮而白"的——月亮上不还有环形山的阴影吗?

我在这里钻一个牛角尖:如果那一晚的月亮"明亮洁白",那么双喜和阿发他们在偷豆的时候,断不至于在豆田里"往来地摸了一回",月色果真足够亮,肉眼也一定能看出豆荚饱满不饱满啊!所以我觉得,这里的月的颜色,"银白"可能比"洁白"更好。

月亮是什么颜色，不重要；但如果只说得出一种颜色，教育者可能就要反思了。所以，在课堂上，我停下来，问孩子们上不上晚自习。他们说，要上。我就跟他们说，选一个有月亮的晚上，下晚自习后，在路边，停下你的脚步，哪怕只有三分钟，抬头看看那月亮。

有多少孩子，下晚自习的路上，是疲惫的，慵懒的，匆忙的，郁郁的……他们没有时间，也没有心情，看看那月亮。

一个没好好看过月亮的少年，他的文化基因是有缺失的；一个民族的少年群体，如果没有好好看过月亮，他们眼里如果只有学校的围墙，这个民族的教育是必须反思的。

如果有机会再看一回晚自习，我将选一个有月亮的晚上，把孩子们全带操场上去，静静地看月亮。而且我还要告诉他们，今晚，就只看月亮，回去不用写关于看月亮的小作文。

如果校长敢批评我，我就朝他翻白眼，翻一个"皎洁"的眼。

课堂教学语言的自我训练

2005 年，我在南师附中江宁分校任职期间，上了一节校内公开课《地下森林断想》。评课时，大多数老师都称赞我的教学设计有创意，只有一位老师说：徐老师，你的教学语言好像有点啰唆。我内心当然不承认自己啰唆。于是就把录课光盘拿回，晚上在电脑里回放视频，重点关注自己上课时说的话。才看了十五分钟，我的后背就出汗了。我的课堂教学语言，何止是啰唆呢？单调、乏味、重复、词不达意……不敢再看下去。

怎么办？我决定从研读名师的课堂教学语言入手，进行教学语言运用的专题研究。首先，研究余映潮老师的课。我搜集了余老师的经典课例 10 个，包括《记承天寺夜游》《假如生活欺骗了你》《安塞腰鼓》等，我把课堂实录打印出来，装订成厚厚一本，每天读。接着，我尝试着对余老师的课堂教学语言进行分类，分成"导入语""过渡语""评价语""启发语""总结语"五大类，逐类研读，提炼规律。然后，进行"猜想"阅读，再搜集余老师的新课例，读学生的课堂活动，猜想余老师的应答。猜着，猜着，对于课堂教学语言的精炼与准确，似乎有点感觉了。2006 年，余映潮语文教学研讨会在荆州举行，我在大会上做了一个专题发言《余映潮课堂教学语言艺术》，得到了与会老师的好评，也得到了余老师的表扬。

2007 年，我开始对自己"下手"。我买了一支录音笔，把自己的家常课录下来，然后根据录音，整理课堂实录。整理的过程是很痛苦的。因为还是有很多的口头禅，有很多的废话。但我咬紧牙关，坚持住。我用红色的字体，对课堂实录中的教学语言，进行"美化"。因为不在课堂现场，我有足够的时间思考和揣摩，所以，这是"理想状态"的教学语言了。抽空，我就把自己的课堂实录拿出来读，把"原初语言"与"美化语言"进行对比阅读。上课时，我也有意识地关注自己的语言表达。慢慢地我就发现，整理课堂实录时，痛苦的程度变浅了。2008 年，我第一次参加全国课堂教学大赛，拿了初中组特等奖。评委们一致认为，我的教学设计固然很好，但最让他们欣赏的，是我的课堂教学语言。

2010 年，我开始关注老师的教学语言与学生课堂活动之间的"互动生成"，关注教学语言对学生活动"以活激活"。我开始研究黄厚江老师的课堂实录。黄老师的课堂教学语言炉火纯青，最精彩的是他的"追问"。我用的是老办法：搜集课堂实录，打印，阅读，关注追问，寻找黄老师课堂追问的规律。黄老师的课，太"活"了，一切的嬉笑怒骂、插科打诨、自嘲揶揄都那么自然，与他的课浑然一体，很难归纳规律……后来我领悟，这种"发现规律—模仿学习"的思路需要调整。对于黄老师"共生课堂"教学语言的学习，应当重在"神"的感悟与内化，而不仅仅是"形"的模仿与借鉴。于是，我发现，最好的教学语言，是不宜被单独"抽取"出来进行研究的，教学语言是与学生和文本"共生共长"的。教学语言是动态的。对教学语言的研究，也应该是在"活动"和"生长"过程中进行的。

如今，我不敢说，我自己的课堂教学语言有多好。但我敢说，我知道自己的课堂教学语言，应该往哪里去。

教语文，我们要尽量慢下来

第四辑

　　语文教学当如跑马，有时需要快马加鞭，有时需要勒马细看。有风景处，就慢下来，好好欣赏；非紧要之处，就快点走，不拖泥带水。

给新入职教师的十条建议

1. 一定要努力抛却入编面试"无生课堂"的所有印记。那是变态的课堂形态，千万不要把这种"自说自话"带到日常教学中去。之前为入编面试所做的准备，抛却得越彻底，你对课堂的认识就越到位。

2. 提前备好两周的课。很多学校会给新教师分配满工作量乃至于超工作量，一上班，你可能就是班主任兼授两个班的语文课，班级管理和应付各种各样的检查，会占用很多时间，提前备好两周的课，你也许就不会手忙脚乱。

3. 让学生首先喜欢你这个人。多微笑，多鼓励，多尊重。找学生谈话，一定要准备一个凳子让他坐下来。老师是一副凶脸孔，学生自然没有好声气，让人活泼不得。喜欢你这个人，才有可能喜欢你的课。

4. 再忙也要坚持多听课。听课前，跟上课老师打招呼，下课后表达感谢。若有条件，听完一节上一节。听个遍，你就知道谁的课要多听，你就跟这个老师多"套近乎"。人家课堂向你开放，一定要真诚表达谢意，不要以为理所当然。

5. 坚持写教学反思。这里的"反思"是中性词，可以记录亮点，可以回顾优点，可以优化弱点，字数不限定，有话则长，无话则短，但每节课都要有。

6. 处好人际关系。热情跟同事打招呼，年轻人手脚勤快点，打扫办公室、烧开水、领办公用品、集体出游……多做事，不吃亏。跟坦率真诚的同事多走动，与单位里的"愤青"和混吃等死之辈，保持距离，不去招惹他们。

7. 跟家长相处要用脑子。努力跟家长形成教育孩子的"利益共同体"，不卑不亢最好，尽量不跟个别家长走太近。尤其是面对家长的送礼，要懂得拒绝；如果因为这样那样的人情纠葛，实在不能拒绝，可以考虑同等价值的回礼，记住不欠人情是底线。人家有"人质"在你手里，送礼都是期待回报的。

8. 不要把工作和生活混淆在一起。工作时努力工作，工作以外也要享受闲暇，语文的外延是生活，懂得生活，懂得享受生活，有生活的情趣，才能教好语文。常回家看看，朋友们常聚聚，喝茶也好，小酌也罢，文人要有自己的小圈子。

9. 不要因为工作而影响恋爱。从某种意义上来说，恋爱比工作还要重要，因为它关乎你一辈子的幸福。成家与立业不是矛盾对立的，要舍得在恋爱上花时间。教育与爱，都不可辜负。

10. 要坚持读书。语文老师，不能只读"三本书"（教科书、教参、教辅），要做一个真正的读书人。新教师，首先要读好统编教材推荐的必读书和选读书，还要抽时间读一点专业书，还要读读"闲书"。切记：语文老师不读书，简直不如一头猪。

值得铭记一生的几句话

很多读者朋友都知道，我在课堂教学研究领域，比较擅长的是评课。我出过一本书，就叫《听徐杰老师评课》。到了教研员岗位，评课更是成为我工作的主要内容。

工作三十一年，我也被无数人听过课，也被很多人评过课。

我不知道自己在评别人的课的时候，可曾有一两句话被别人记住。但我至今依然记得，有些人评我的课时的"几句话"。

1996 年，我工作的第三年，有一次上组内公开课《三峡》。在课上，我滔滔不绝，讲得很畅快。下课后，感觉良好的我，急着向听课的郭志明先生讨教，说是讨教，其实是想讨个表扬。那时，郭志明先生是我们学校的副校长，也是语文特级教师。郭志明先生当时送了我四个字"讲风太盛"。

就这四个字，让我难受了很久。从那以后，我开始关注课堂上"讲"的问题，并告诫自己，一定要熬住了少讲话。

这大约就是我课堂研究的起点。

2009 年，我在成都上《五柳先生传》。这节课因为有一些创新的设计，比如关注九个"不"的表达，比如深挖黔娄这个隐士的逸事，得到了与会老师的充分肯定。吃晚饭的时候，曾琦老师跟我说：五柳先生的精神追求，对后世文人的影响，不能不提。我想想很有道理，于是对教学设计进行优化，建设了"自画像——正气歌—精神家园"的课堂结构。

很久以后，我才领悟到，曾老师所说的影响后世文人的那种精神追求，其实就是文化。文言文教学需要遵循的"四文（文字、文章、文学、文化）统一"就是这个道理。

2011 年，我在无锡凤翔学校上《老王》。当时邀请了黄厚江老师现场评课，黄老师表扬了这节课的不少优点，但我觉得他似乎还有保留。于是就在第二天早上，到他房间去，请他给我再提点几句。黄老师说：你的课，每个板块的活动都很到位，但还可以追求课堂活动之间"连皮带肉地生长"。

从那以后，我就开始关注活动与活动之间的逻辑关联与持续的"生长力"问题，追求师生之间、生生之间、师生与文本之间的"共生共长"。虽然至今做得仍然不够好，但毕竟有了努力的方向。

2018 年，我上了一节自读课《昆明的雨》，自我感觉不错，就把课堂实录发在七省九地教研共同体微信群。金铃老师在群内留言评课，说：这个是自读课吗？我当然嘴硬，坚持说是自读课，并且说，要专门写一篇文章来辩护。

为了写那篇"辩护"文章，我又把课例回看几遍，觉得这节课自读课特征确实不是特别鲜明。文章固然没写成，但我却用了一年多时间研究自读课，开发了一个讲座《自读课的基本课型及其操作策略》。这个讲座所列举的七个典型课例，都是我自己一节一节上出来的。

后来，我们教研共同体在成都双流举行活动期间，我应邀去成都科大实验学校上课，金铃老师带着她的团队一起去听课。自读课《动物笑谈》一结束，金老师说：这才是典型的自读课。当晚，强饮三大白。

再后来，我筹备一个教材培训活动，我、老蔡和黄厚江老师，师徒三人同台上《台阶》。试上课阶段，我特邀中心组几位骨干老师来帮我磨课。评课时，杨春方老师说了一句让我很难堪的话，他说：好的优化建议我暂时没有，但这节课上，我没能看到印象中徐杰的课的样子。

我知道老杨所指，十年前他在英桥听我上《茅屋为秋风所破歌》，他一直称赞我的那节课。他在批评我，试上的《台阶》都不如我十年前的课带给他的感觉好。

郁闷了一天，但我没有放弃，我既跟自己怄气，也跟老杨怄气，我要给他看看印象中徐杰的课的样子。于是把《台阶》的设计，推倒重来，再推倒重来，先后设计了四套方案，最后终于满意。当然，后来的公开课上得还行。

我想，我的职业生涯还有七年，在未来这段时间里，我肯定还要上很多很多课，也会被很多很多人评课。所幸，我语文圈子里的朋友，都是率真坦荡的人，都是真诚无私的人。他们的评课，必然成为我专业发展的财富。

我何其有幸！

开学第一课，不要忙着上新课

开学第一课，有些学校喜欢搞"杀威棒"——暑假学习效果检测，说白了，就是考试。考完，分数出来，再把家长喊过来，开家长会——第二轮"杀威棒"。我是不大赞成在开学初就搞"白色恐怖"的，君不见，每逢开学都下雨吗，何必弄得天怒人怨的。但有些校长喜欢这么弄，并且美其名曰"快速进入学习状态"，我们真没办法。

学生的休假状态，转化到在校学习状态，是需要一个过程的，哪能像收音机"调台"，旋转一下按钮就成的？说穿了，就是我们都太"急"。

家长急，校长急，我们老师不必那么急。开学第一课，校长让考试，我们没办法，那就考吧。但我们不宜大肆渲染这样的非正常状态考试，学生考得好与差，我们更不宜大张旗鼓弄排名，煞有介事给家长反馈告状。

何必呢？刚起头，有的是工夫，有的是希望。

我们可以让孩子们打开新课本，闻闻新书的油墨香，然后让他们翻翻书，看看这学期的学习要求跟上学期比，有没有不同，看看目录，说说自己对哪篇课文最感兴趣……

我们可以组织一个班级座谈会，让孩子们说说暑假的见闻和感受，说说自己去了哪些地方，描述一下外面的世界。如果有孩子愿意拿照片或视频进行分享，那是再好不过。

我们还可以组织好书推荐活动，说说暑假读了哪些书，把好书推荐给同学。还可以组织朗诵活动，把暑假里读过的书的片段、诗歌、电影台词等，拿出来朗诵欣赏。

还可以请孩子们分享一下上学期学习过程中，最满意的地方和遗憾的地方，说说这个学期的打算。

当然，老师也可以跟孩子们聊聊自己的计划和期望。

如果你愿意，还可以跟孩子们一起制订本学期学习计划，要读哪几本书，每天读多少页；要写几篇大作文，几篇小作文；看几场电影；组织几次黑板报或者手抄报评比……有些事，你跟他们商量了，他们会觉得，这些事就是他们自己的事了。

我们还可以跟孩子们一起打扫教室，一起来装扮教室。比如说，在教室里安置一个"图书角"，大家商量商量怎么弄。比如说，一起拟定班级标语，请班里书法爱好者书写。

我们可以引导孩子们清理桌洞，整理书包，自己学着制作课程表贴在文具盒盖里，在作业本封面上工工整整地写上自己的名字，互相提醒不同作业本的要求。

我们甚至还可以帮着孩子们清理一下教辅用书，有些很烂的教辅资料，做了未必有益，甚至有害，大可以扔到废纸篓。

我甚至觉得，开学第一课，跟孩子们一起学唱一首新歌，也挺有意思的。介绍一道美食的做法，好像也是可以的。聊聊社会热点问题，比如清华北大毕业生应聘街道办，有什么不可以呢？处处有教育，处处皆语文。

这样，孩子们就被我们带着，慢慢地，进入了新学期。

渐入佳境，多好啊！

我的开学第一课

做教研员以后，我坚持"每周一课"——每周至少上一节课，可以是家常课、公开课、研究课、示范课。最有意思的是新课试上，老师们帮我一起来磨课。

这学期，我的开学第一课，是一节新课。上课地点是暨阳中学初一（4）班，我弟子小曹老师的班。

初一新生，稚气未脱。我跟孩子们说，今天我们一起来阅读一个故事，第一张 PPT 投放出来，是绘本《鹰风筝》的封面，徐杰著，苏达绘。

我问孩子们，这个作者你们认识吗？他们纷纷摇头，我说，徐杰就是本人啊。他们齐齐发出一声惊叹，然后，我们就正式开始上课了。

书的作者，活生生地站在课堂里，给他们上导读课，这样的经历，估计他们不曾有过。

课堂策略，是听读猜想，读懂一个故事，参与创作这个故事。初一的孩子读《鹰风筝》这个绘本，有很多令人欣喜的表现。有一个活动环节，我先出示了原稿的结尾，然后请他们评价，先后有四个孩子都说这个结尾不是很好。我就顺势请他们帮我重新设计故事的结尾。

有一个孩子——最后一排的一位男生，挺壮实的，给出的修改建议，居然跟儿童文学作家梅子涵老师当初给我的建议一模一样。我立刻郑重表扬了这个孩子。我说，你有做儿童文学作家的潜质呢。

是啊，鹰风筝不断想着飞得更高，更高，然后呢？除了"摔下来"，还有哪些可能性呢？孩子们一共给出了五个方案，这个男生的是最好的：让小男孩收线，把他拉低，放低自己以后，他不但发现了美，也参与创造了美……

下课之后，我答应送这个孩子一本签名版的《鹰风筝》，并且郑重询问了他的名字，他叫刘天昱。

按惯例，听课老师要给我提优化建议。其他几位老师都说这个课挺好，理由是我宣布下课的时候，孩子们自发鼓掌了。我说那不算，孩子们鼓掌是出于礼貌。小蔡老师建议把思考两分钟打腹稿改为"写三分钟"，我欣然接受了她的建议。陈茜校长跟我是老同事了，她直言不讳地说有一个环节"有点绕"。

经她一提，我恍然大悟。鹰风筝与金鱼风筝相处了四天，用四幅图呈现，我原本就是按照书稿顺序排好的，课上让孩子们说哪幅图排第一，哪幅图排第二……结果孩子们以为我出示的图，是打乱了顺序的，把他们绕进去了。

我决定，对课件进行修改，将四幅图打乱顺序，请孩子们来重排。

就这样单纯地上上课，聊聊课，真是一件很幸福的事。

课堂活动设计，"临门一脚"很重要

遇到不少的课，前四分之三都不错，到最后一个环节，却偏离了，走低了，拉胯了，实在可惜。

又如有个老师执教《应有格物致知精神》，前面几个学习活动都不错，思维训练逐级提升，可是最后一个环节居然是：男女生分角色朗读第 13 段。好不容易培养的思辨力，就这么被糟蹋了。

又如有个老师执教群文阅读课《诗人的孤独》，四首诗的串联解读颇有意趣和深度，距离下课还有几分钟，进入最后一个环节却是：说说你在生活中是如何面对孤独的。生生把语文课弄成了班会课。

再比如有个老师执教《藤野先生》，最后一个环节看起来挺有创意：请你代鲁迅给藤野先生写一封信。我们可以不计较能不能代鲁迅，倒是要想一想，这么代，鲁迅愿不愿意。

……

当然，我也见过课堂活动中很多特别精彩的"临门一脚"。

黄厚江老师执教《孔乙己》，最后一个课堂活动是让学生发挥想象，写写孔乙己死后的情景，要有手的细节描写。在此基础上探究死因，课堂的厚度和思维的深度，都顺利达成。

　　我们优青班的小丁老师，执教张养浩怀古诗连读，最后一个课堂活动，是出示张养浩的生平简介，了解张养浩"怀古"的内涵。学生一下子就深刻理解了，怀古不是牢骚，背后是满满的家国情怀。

　　《鹰风筝》课后，我做了这样的教学反思——最后一个教学环节，原先的设计是：请用第二人称，对鹰风筝说几句话。设计的目的是把读者带进故事的情境，多维度理解故事主题。但总觉得这样的"情境化"设计跟文本的阅读活动不是很贴合，想来想去，我把它改为：发挥想象，以"啊，原来……"开头，为鹰风筝写一段心理活动。我觉得这样的"临门一脚"，是从之前的阅读活动中自然生长出来的，生成应该更自然，也更有力量。

　　课堂活动设计的最后一环，应当具有怎样的特征呢？

　　1. 应当源于前序活动，又高于前序活动。黄厚江老师说过，课堂活动诸环节，应当追求"连皮带肉地生长"。从这个意义上来说，课堂活动的最后一个环节，一定是基于前序活动而设计的，要"连"不要"断"；只是"连"还不够，课堂活动的最后一个环节，从语文能力培养的角度看，也应高于前序活动。比如，前序活动重在语言欣赏，后续活动安排语言梳理就是走低，应该在语言分析与学用上做文章。

　　2. 应当从文本中来，到文本中去。课堂活动的最后一个环节，很多老师喜欢做"拓展延伸"，这当然是可以的。但我们一定要注意，"拓展"是为了更好地解读文本，绝不能"招进了女婿，气走了儿子"。最后一个环节，无论是拓展延伸，还是课堂总结，一定都是回扣文本的，也一定是对文本的反哺和深化。

　　3. 应当有"结论意识"，但要警惕"结论式结课"。作为课堂活动的最后一个环节，对整节课的活动应当具有总结提升的功能，所以很多时候可以借助"结论"来结课，但"结论"不应该成为唯一的价值追求和设计标准，要做大做强那个寻找结论的过程。

4. 课堂活动最后一个环节，还应当是"结而不尽"的。它固然是这节课的阶段总结，但如果能通过这最后一环，使学生据此产生新的疑问，激发思考，从而在离开课堂时，有更强的学习和探索欲望，那么这样的余音和余波，就是课堂的最美好境界了。

借班上课，"暖场"很重要

上课前，需要"暖场"。此刻，师生之间是陌生的，关系需要拉近；学生骤然来到舞台上课，情绪需要舒缓。

我想起自己的几个"暖场"，与诸君分享。

场景一：借班上《水浒传》导读。开课前，我问孩子们怎么称呼我，有说"徐老师"的，有说"杰哥"的，有说"杰叔"的，还有说"师爷爷"的，我都给了热情的回应。然后我问，如果穿越到水泊梁山，你们在山寨里遇到我，怎么称呼我呢？学生大笑，异口同声地回答："徐大哥！"于是，徐大哥开始上课。

场景二：借班教读《论语》。开课前，我出示了自己的几个"金句"，让学生朗读，然后故意问他们，"徐老师的话精彩不？"孩子们很配合，都说精彩。我又问："徐老师也有弟子三千，这么精彩的话，为啥不能叫《论语》呢？"孩子们会心地笑，叽叽喳喳讨论一番。然后我们开始上课。

场景三：借班上课，徐州。会场的舞台小了点，一个班的学生坐不下，于是就让一部分孩子坐在观众席最后一排听课。我看到之后，走下台去，让观众席的第一排（嘉宾和领导）与最后一排调换位置，等孩子们一个一个坐到前排，我请他们配合我调试手持话筒，告诉他们，只要举手，我就从台上跑下来递话筒。台上与台下的孩子，都很开心。然后我们开始上课。

场景四：语文湿地年会，有我一节课。借用的学生，临时拼凑了一个班，他们来自五湖四海，都是与会老师的孩子或亲属，有初一的，也有初二的，还有一个高一的。我的"暖场"，是让每个孩子做自我介绍：我叫什么名字，我从哪里来，谁带我来的，他的名字叫什么。在台下的亲人就站起来，跟自己的孩子挥手。这些孩子介绍说，有跟妈妈来的，有跟老师来的，有跟阿姨来的，也有跟姐姐来的，跟朋友来的……大家纷纷鼓掌，很温暖。我说，略微有点遗憾，你们没有一位同学是跟着爸爸来的。全场都笑了。然后，我开始上课。

场景五：有一年在贵阳上课。孩子们坐得规规矩矩，两手放在桌上，腰杆笔直，舞台上鸦雀无声。我说："同学们不用坐得这么端正，先把手拿开，你觉得怎么放舒服，就怎么放……"然后，我又说，"距离上课还有一刻钟呢，你们前后左右聊聊天吧，随便聊，聊什么都行。"孩子们立刻雀跃着聊天，人声鼎沸。时间到，我们开始上课。

"暖场"，形式可以不拘一格。

借班上课，只要把场子"暖起来"，后面的课，就好上多了。不然呢？你开门见山，这"山"就显得重，你就扛不动了。

为了一节课，耿耿于怀一年多

——《回忆鲁迅先生》备课手记

萧红的《回忆鲁迅先生》这篇课文实在难教。

难就难在文章太长，篇幅长也就罢了，它还"碎"，是多个片段的组合。片段组合也就算了，这些片段看起来居然没有太明显的逻辑关系。

反正不怎么好教，不管作为教读课，还是自读课。

所以，我们江阴市 2019 年的全市优课比赛，我就选了这篇课文。我知道有点为难老师。但据说经常啃硬骨头的人牙口好。

比赛结束，按照惯例，一等奖获得者要在全市上展示课。我想，我也得逼逼自己，于是，在做展示课计划的时候，也给自己安排了一节课。——我也上《回忆鲁迅先生》。

和一线老师同台上课，同课异构，我觉得很有意思。

备好课，我去江阴初中找了个班级试上课，请语文组组长老吴给找了几个老师听课，帮我一起磨课。

试上，并不成功，只完成了预设环节的三分之二。也幸亏是江阴初中的孩子，换个普通学校，我估计只能完成预设的二分之一。

磨课讨论，几个老师都提了优化建议，但我并不满意，因为我感觉他们的建议都在"打补丁"，而我觉得，"打补丁"是不够的。不过，这次磨课的收获还是有的——发现了一个好苗子，他们学校的一个年轻教师顾彬，评课有见地，我觉得可以往名师方向培养。

距离正式上课还有三天，但我真的还没有更好的思路。——我能够做的，就是做减法，删减教学环节。

课堂教学的第一个活动"内容概括与梳理"，按照阅读的基本规律，是绕不过去的。但十四个章节的内容，如果都去概括和梳理，那这节课其他活就别干了。

当然，家常课是可以这么上的。公开课嘛，总要兼顾实用性和观赏性的，不能一节课就做各个章节的概括。

怎么办呢？只能"偷工减料"，选几个章节来做文章。这大约是节约时间的最佳途径了。

正式上课的时间是 2019 年 12 月 31 日，地点是江阴市敔山湾实验学校。那天一共安排了六节课，我是最后一节。

"给选定的章节拟小标题"，还是耗费了十八分钟时间，没办法，初一的孩子概括能力不够，而且有时候还为哪个概括更准确而纠结半天。最后一个环节，我自以为比较出彩的"文字背后强抑的痛"，也没来得及充分呈现。反正是不满意，很不满意。

上了一节怎样的课，上课者自己心里是最有数的。

我跟自己杠上了。我想，必须把这个《回忆鲁迅先生》拿下。

但随后，疫情开始了，我们忙着组织网课，还要做教师在线培训。这节课的优化，就被搁置了。其实我也是拿疫情作挡箭牌，讲真，一时间我拿这个课真没办法啊。

我把这本教材放在床头柜上。有时候，睡前翻翻这篇课文，虽然已经读得滚瓜烂熟，但是只要想起上课，它就变得陌生起来。也不是陌生，是扑朔。

就这样，我被这节课折磨了一年多。

上学期期末之前，我们优青班邀请黄厚江老师来讲学。黄老师讲课标的理解与实施，非常精彩。黄老师有一句话，突然点醒了我。他说：学习语文最重要的是"感觉"，首先要培养学生的"直觉思维"，通过语言运用实现思维的发展提升，即由基本思维品质向高阶思维能力发展……

我马上想到了我的那节课，《回忆鲁迅先生》的课堂活动设计，上课伊始就概括层次内容，给那些层次分类，这合适吗？

这不是"直觉思维"的训练。

这样做，起点太高了。

难文浅教，应该"小步轻迈"才是。

豁然开朗。

我开始重新备课。

原来，这节课可以这么上！很简单很简单的方式。

简单，但绝不浅薄，它能帮助学生慢慢地抵达文本的核心。

这节课，我准备做五件事——第一，浏览课文，给课文标注层次序号，说说印象最为深刻的场景。第二，老师也说一个自己印象最深刻的场景，通过"读中提示"，得出"剪影"，并适当讲析。第三，引入一个插图——鲁迅笑的剪影，组织讨论，看看这个剪影最适合哪段文字。继而回读课文，看看还有哪些文字看起来也像一幅"剪影"。第四，连读这些"剪影"文字，说说你读到了一个怎样的鲁迅先生。然后追问，萧红回忆这些"剪影"，字里行间有着对鲁迅怎样的情感。

第五，引进背景资料，聚焦怀念中的"痛"，最后得出"用温情写悲痛"。

可以这么说，这是迄今为止，我见到的《回忆鲁迅先生》最好的教学设计了。

你当然可以拿这个设计，到自己的班级去上课试试。不过，如果有哪个老师，不劳而获，偷偷地拿去比赛、上公开课、写论文，那我知道了肯定跟你没完。备这个课，我太难了。

通俗手法有时候也挺有用

——《社戏》备课手记

　　分段，写段落大意，是我们"70后"读初中时，语文老师常用的教学方法。现在的语文课上，很少能见到这类课堂活动了。我有时候，喜欢把这样的"传统"教学方法，称为"通俗手法"。

　　这次备《社戏》，误打误撞地，我居然用了这个通俗手法，而且发现，居然效果还不错。

　　第一稿设计中，第一个活动"整体感知"环节，我是这样预设的：迅哥儿去赵庄看社戏的那夜，跟他在平桥村度过的其他夜晚，有什么不同？试上课的时候，学生的回答简单直接：那夜，有戏看，有豆吃。

　　但我觉得，仅此而已是不能算"整体感知"的，于是就追问：还有哪些东西？学生答案有月亮、豆浆、船……可这又太细了，不算"整体感知"。

　　我就引导：同样写看戏，鲁迅写看戏，怎么能写得这么波澜起伏？然后学生读书，找"波折"。磨课时，有老师觉得这里耗时太多了。我立刻想到，问题在我。"整体感知"主要是内容理解层面，而"波折"是属于语言形式层面的，不宜放在第一个教学环节。

显然，这样的开场，是不好的。

怎么改？一时半会儿找不到满意的答案。我就先放一放，备课时一旦遇到滞涨，我一般都是搁置，放几天，然后会在某一个时刻，"突然接通"。

到正式上课的前一晚，躺床上玩手机，电光石火间，忽然就想起"分段"来了。

学生第一次读这么长的课文，四十小节，分段不应该是最佳"整体感知"方式吗？

方向有了，做细化就容易多了，我担心用脑过度会失眠，决定第二天早上起来再说。

课堂实践证明，我用分段这一通俗手法，是很明智的。

上课伊始，我就说：徐老师买了一条大鱼，但家里的锅太小，你们看怎么办？学生说：切段啊。我就顺势说：《社戏》文章长，如果让你来，你准备切出哪一段来？

有人说，切"看社戏"那一段。我说，这是核心事件，板书"事件"。

有人说，切"偷豆"那一段。我说，这不是看戏，而是看戏的插曲，板书"插曲"。

还有人说，切看戏第二天发生的事，这是偷豆的余波。这孩子太厉害，我直接板书"余波"。

我追问：看戏前有两段文字，能不能删去？有学生说，那是铺垫。我说，写平桥村人的热情好客，确实是为写看社戏做铺垫，板书"铺垫"。

最后，请大家看黑板上的板书，自己在课文语段旁用斜横线标注。然后追问：能不能把最后一段切出来？

当然能。最后一段是"现在"的视角，这篇小说是以"我"回忆的形式写的。

于是请一个学生读最后一段，并出示 PPT 补充"那夜似的"，由"似"的语义"像……一样"，自然过渡到"夜本来是黑的，为什么平桥村的那一夜，是如此美好?"

微课教学的"四忌"与"四宜"

微课教学是近几年兴起的一种课型。

微课最鲜明的特征，就是"微"，一节课的用时，一般在十到二十分钟之间。因为其耗时少，往往被用于比赛、选拔或者入职面试，大约是主办方希望能"知微见著"，在最短的时间内，考评一个教师的教学水准。有些老师就以为，微课，就是传统课（四十五分钟）的"微缩版"，所以，他们仍然以传统课的教学策略来组织微课教学，这其实是一种误解。那么，微课教学有哪些点需要注意呢?

忌"多点并进"，宜"选点突破"

一节十几分钟的微课，千万不要塞进太多的东西。我以为，一节微课，有且只能有一个"选点"，然后围绕这个"点"，左右勾连，步步推进。这里需要强调，微课的教学起点，只是一个逻辑起点，是你所选突破点的阅读起点，而不是一篇新授课的阅读起点。有些课文比较长，学生初读感知就需要十分钟。你如果还是按照传统课的教学思路来，这节微课必然头重脚轻。以《孔乙己》的微课教学为例，如果你选的点是"小说中的笑"，那么，你就应该默认学生已经熟读课文，甚至已经赏析过人物形象、探究过作品的主题。由此，这节微课的阅读内容，就是描写"笑"的几个切片；这节微课的教学起点，就是"谁笑，为什么笑"。所谓的"选点突破"，其实就是"握紧拳头打人"，力量集中；如果"揸开五指"，力量就分散了。

忌"平均用力"，宜"轻重有致"

选好一个"点"之后，就要围绕这个"点"组织学习活动。一般来讲，活动环节不能多，当以三四个为宜。这三四个学习活动的组织，一定要注意，千万不能平均用力。我还是以《孔乙己》的微课教学为例。某老师的课堂活动组织是这样的：第一步，品读课文第一处的"笑"，分析大家哄笑的原因（五分钟）；第二步，品读课文第二处、第三处的"笑"，揣摩孔乙己的心理活动（五分钟）；第三步，孔乙己被打折了腿，作者写掌柜的"笑"有什么深刻用意（五分钟）。应该说，这节微课的三个环节的设计还是有梯度的，问题就出在平均用力，这必然导致每个环节都浅尝辄止。如果调整一下"轻重"试试呢？活动一，用时三分钟，只理解"哪些人笑"；活动二，用时十分钟，补白酒店里的笑声中，孔乙己的心理活动；活动三，用时五分钟，对比分析掌柜的"笑"与前文众人的"笑"有什么不同。处理好轻重缓急，课堂才有节奏感，微课也是同样的道理。

忌"一问到底"，宜"活动丰富"

微课教学属于"螺蛳壳里做道场"，空间本来就小，如果我们老师还是用"提问题，找答案"的方式组织教学，从观赏性角度来看，是比较死板的，也是难以得高分的。如果能化"一问到底"为形式丰富的活动，将朗读、讨论、辩论、补白、续写、比较分析、课文变形等多种活动方式，融入文本学习，必将提高学生的学习兴趣，也必将提高课堂分值。还是以《孔乙己》的微课教学为例。活动一，"哪些人笑"，活动形式是朗读，要求读出"笑"的味道；活动二，揣摩孔乙己被笑后的心理，活动形式是补白；活动三，把掌柜的"笑"与众人的"笑"进行对比分析，以凸显他的冷酷。如果时间允许，我们还可以组织讨论，看看在课文的哪个地方，还可以增加"笑"。

忌"平面滑行"，宜"尺水兴波"

什么叫"平面滑行"？就是几个课中活动，在思维上处于同一个层面。比如有的老师设计"朗读活动"，先自由读，然后男生读，女生读，继而老师范读，全班朗读。这些"朗读"看起来是分步实施的，但其实都处在同一个思维层面，所以叫"平面滑行"。像零敲碎打的课、肢解性分析的课、串讲式的课、满堂问的课、在内容理解上兜圈子的课等，都属于"平面滑行"，这些课，缺乏思维的螺旋上升和层层递进，显得平淡无奇。好的微课，要"尺水兴波"，要在极其有限的时间内，安排有层次的课堂活动。所谓的"有层次"，用形象的说法，就是"走一步，再走一步"，就是"一步一步向上走"。继续以《孔乙己》的微课教学为例。活动一，朗读，读出"笑"的味道，这是"语言感受"，是思维的第一个层级；活动二，补白孔乙己被"笑"时的心理，这是"人物分析"，是思维的第二个层级；活动三，对比分析掌柜的"笑"与酒客的"笑"，这是"主旨探究"和"手法欣赏"，属于思维的第三个层级。文似看山不喜平，微课也一样，有"波"才好，倘能"一波三折"，那就是高手了。

　　最后再多说两句话：第一，微课也是课，一定要追求"互动共生"的课堂样态；第二，微课毕竟是"微"课，"取一瓢饮"是核心策略，喝多了胀肚子。

一课三上《孔乙己》

余老师曾经跟我讲，要训练自己"一课多案"的设计能力。

所以，我每年都要玩一到两次"一课多案"，在不断自我推翻、打乱重组的过程中，我觉得自己的教学设计能力得到了有效训练。

"一课多案"，是青年教师自我磨砺、自我提升的有效路径。

《孔乙己》，我先后上过三个不同的方案。

第一稿，2015 年，在镇江第一外国语学校上的。那年，王益民先生组织了一个活动，约了培东、我，还有几个语文名师，同课异构《孔乙己》。王益民先生很"歹毒"，他居然把与《孔乙己》有关的文本解读和课堂实录，全部提前印发给上课学生。如此一来，上课老师的备课，只能"不走寻常路"。

我的《孔乙己》第一稿设计，是从"看"与"被看"这个点切入的，自我感觉还行。课堂实录和教学感言，好像后来还发表了——具体在哪个杂志，我可真不记得了。

比较有意思的是，这次在"语文湿地"上《孔乙己》，下课后，居然有老师走过来对我说，当年她听过我的《孔乙己》镇江版，她就是镇江的老师。

第二稿，2021 年，上第一稿六年后的一天，我去江阴市祝塘初中教学督导，他们正好有老师上汇报课《孔乙己》。我呢，正好对六年前的那节课进行盘点的时候，不满意。于是我就跟祝塘初中的语文组组长说，我也上一节《孔乙己》，你安排一个班给我上课。

祝塘初中很多语文老师都以为我会把镇江版再上一遍，等坐到教室里，才发现，这是一个"最新版"。这一版的"最新设计"，与第一稿相比，更加聚焦。课堂活动就是"讲故事"，让各色人等来讲"孔乙己的故事"，然后对比分析，看看谁来讲孔乙己的故事最合适。

我以为，这一稿应该是我的天花板了。但是，过了两年，我又有了新的想法。

灵感的驾临，非常偶然。那天，我去江阴长山中学听李燕老师的课，李老师上的是《孔乙己》《变色龙》群文阅读，议题是"主人公的衣服"。

李老师用的是"比读"的方法，对两文的主人公的穿着进行对比分析，从而带动人物、情节和主题的理解。

孔乙己的长衫！电光石火之间，我想到：能不能以"长衫"为共生原点，设计《孔乙己》教学思路？说干就干，我就一边听课，一边写我自己的新设计。你们看，这是我临时起意设计的手稿，字虽丑，但当时的兴奋难耐，却是跃然纸上的。

共生原点：孔乙己的长衫。

导入：读小说，自由交流孔乙己长衫片段描写，谈阅读感受。

活动 1：换位评价。以小伙计、短衣帮、掌柜的、丁举人的口吻评价一下孔乙己和他的长衫？

活动2：讨论。还可以在哪些地方穿插孔乙己的长衫？

活动3：以写带读。孔乙己死的时候如果要穿长衫，可能是怎样的？写细节。

活动4：（未完待续）

等我把这第三版的设计完善，打磨，做课件，就到了学期末。很凑巧，放假之前，无锡陈园园名师工作室请我去讲课。我就跟陈老师说，我就试上《孔乙己》，请你们团队老师参与磨课吧。就这样，我上课，老师们听课评课，我进行优化设计。随即就放假了，优化设计后的这一稿，没有机会再试上。

七月初，君妹妹发短信给我，请我去"语文湿地"年会上一节课。我马上想到了新版的《孔乙己》，就一口答应下来了，并自我安慰：老江湖了，那就不试上了吧，"艺高人胆大"嘛！

在清华附中稻香湖学校，我的第三版《孔乙己》，就这样匆匆登场。我原以为上课学生来自五湖四海，这群"乌合之众"学习合力无从谈起，可能会影响我的课堂呈现——但实际情况却是，他们成全了我的这节《孔乙己》新课。

有勤快的老师，当天就给整理了课堂实录。当然，因为是新课，有些地方还不够圆润，但我已经很满足。第三稿设计，比之第二稿，又有了进步。

一个中年油腻大叔，不躺平，能不断挑战自己，这是最令人开心的事。你说对不对？

借班上课，如何驾"生"就"熟"

借班上课，面对陌生学生群体，如何迅速评估学情，并做好课堂活动组织的调整，这是一个很值得研究的课题。

我经常借班上课，也算是个老江湖了，略略积累了一些经验，与诸君分享。

首先，要有很轻松的课前"预热"。借班上公开课，老师紧张，学生比老师还紧张，如果上课铃响，老师就开门见山直接上课，开场就比较冷清和局促。预热，往往从师生之间聊天开始。聊什么呢？聊他们感兴趣的话题啊。有时候，我不参与聊，直接让他们前后左右随意聊天，气氛一下子就"热"了。

其次，教学设计要遵循"低开高走"的原则。借班上课，学情不明，课初的学习活动，其难度，最好是低阶思维要求，然后根据课堂"最初五分钟"的生成情况，判定所借班级学生的语文基础和活动参与情况，慢慢抬高活动的思维要求。

说到这个话题，我就不由得想起自己参加全国课堂大赛，那唯一的一次二等奖的课。借班上课，主办方又是一番好意，把全年级前120名学生挑出来，打乱了重新组合分班。也就是说，我借到的班是一个"临时拼凑"的班。而我那时缺乏经验，教学《旅鼠之谜》，第一个活动就是：请快速阅读课文，概括旅鼠的三大谜。上课之初，"概括"就把学生难住了，冷场。后来我在云南个旧再上《旅鼠之谜》，只把第一个环节改为：同学们来说说看，旅鼠是一种怎样好玩的小动物啊？孩子们纷纷举手发言，积极参与——借班上课，课堂之初的"热"，太重要了！

再次，在课堂上一定要多看看学生的"眼睛"。看着对方的眼睛，表达你真诚交流的愿望，这当然不是最主要的；关键一点，是据此可以判断出，哪些孩子即使没有举手，但他具备自信表达的潜质。我在做评委的时候，专门观察过一种现象，即如果没有学生举手，喊谁回答问题。优秀的老师，能从学生的眼神里判断出来，他们往往从一群沉默的学生中，挑一个站起来回答问题，而那个孩子通常不会令人失望。

与之相反，有些老师借班上课，遇到学生不举手的情况，他们就慌了，于是随意指定学生，第一个学生，不作声；第二个学生，支支吾吾，听不清；第三个学生，磨磨蹭蹭站起来……如此，老师得有多被动。

当然，如果借班上一节课，学生纷纷举手，妙语不断，我们是继续给那几个特别活跃的学生展示机会呢，还是要关注"眼神躲闪"的学生？我选择后者。那些"眼神躲闪"的学生，那些一直不敢抬头看老师的学生，我们不能无视。有时候，一些难度不大的问题，我会强调说"徐老师想请没举过手的同学来回答"，或者"徐老师想请最后一排的同学来回答"。

还有，要有意识地记住几个学生的名字。如果有表现特别出彩的，要问一问他的名字，给予热情鼓励，这样"指名道姓"的表扬，特别能拉近跟学生的距离。如果学生在自主阅读，思考问题，或者读写结合环节，老师应该走到学生中去，选择那些有代表性的学生，默默记住他们的位置序号，比如"35"，就是第三排第五个，然后在分享环节，你看似无意地指定学生回答问题。（其实是有所指的。）有时候是有意呈现一个错误答案，自己在心里提前想好应对的策略。

最后一点，借班上课，老师一定要学会及时"打住"。所谓的"打住"，有两方面的意思。一个是学生"人来疯"，表现出超常的积极性，甚至从文本旁逸斜出了，这个时候要"打住"。另一个，是第一个学生不懂，第二个学生不知道，第三个学生直摇头，这种情况下，需要立刻"打住"。此刻，老师找个台阶下，课堂留疑可能是最明智的止损。不然呢？把答案告诉学生？或者硬着头皮"引导"学生说出预设的那个答案来？如此，尴尬的肯定是老师。

教学设计的"好点子"是怎么来的

很久前的一天，我躺床上刷微信朋友圈，无意间，看到了朋友老吴发的一个信息：

> 自己背着因袭的重担，肩住了黑暗的闸门，放他们到宽阔光明的地方去；此后幸福的度日，合理的做人。
>
> ——《鲁迅全集·我们现在怎样做父亲》

鲁迅这段话，我之前读过多次，为什么这一次感觉很震撼呢？是老吴的图片用了黑底白字的效果。黑色庄重、深沉，是冷色调。老吴是懂鲁迅的，他知道鲁迅很多作品的底色，是黑色，冷峻的黑色。我忽然想起了《社戏》。《社戏》的主体事件发生在夜里，但那个夜晚，有皎洁的月光，所以并不是"黑夜"。作者给予那个夜晚以斑斓的色彩：淡黑，红，绿，粉，绿，银白，深绿……有色彩的夜，才是美好的夜啊。

我心有所动，立刻坐起来，拿出纸笔，把这个发现记录下来。然后我又想，这"看得见"的颜色，主要是写江南水乡夜色之美。那么，江南水乡的人情之美，应该是什么颜色的呢？啊，这不就是一个很好的教学活动吗？顺着这个思路，我又想：鲁迅把《社戏》写得这么美，只是为了表现平桥村的风景与人情之美吗？我又回看老吴的朋友圈截图，看到了一组反义词：光明与黑暗。我立刻就想起来了，《社戏》被收在了小说集《呐喊》里。您品，您细品。鲁迅这是拿《社戏》在呐喊啊，他在喊什么呢？应该是"救救孩子!"这或许是对文本的深度解读。我就坐到电脑前，开始备课。——灵感有时候稍纵即逝，必须及时抓住它。

新课试上，借班上课，我选择在老吴他们学校。上课前，我看到走廊里一个人影闪过，是老吴。我心里窃笑：哈，看你平时常跟我抬"杠"，这一次，你终于成全了我的一节新课！你可是输了一局啦！

有些新课开发，纯属"临时起意"

有些新课开发，并没有什么计划，或者预先的准备，而是，突然间，有个点子冒出来，我就把它抓住，顺藤摸瓜，一节课的设计就有了。

就说那个《朝花夕拾》导读课吧。很多老师都说我这节课的共生原点"鲁迅的恨"选得好。也有老师问我，这么好的点子是怎么想到的。我记得，好像是到乡镇学校听一个老师的课，她的导读思路是"鲁迅的爱"，我听课的时候就想，如果反其道而行，玩一玩"鲁迅的恨"呢？我就沿着这个点，思考导读活动的设计，于是，你们就看到了，我的《朝花夕拾》导读课，跟别人是不一样的。

还有那个《石壕吏》教读课。我记得是参加一个学校的教研活动，听的就是《石壕吏》，执教老师问了一个问题：你觉得老翁一家的生活境况怎样？请用诗中一个字回答。学生异口同声：苦。问题有了，答案也有了，一问一答，结束。评课的时候，我说，这个"苦"字是全文关键，一字立骨，必须围绕这个"苦"，组织一系列品读活动。说完这句话，我突然感觉自己的脑回路通了，于是就吧啦吧啦，即兴说了一大通。回来以后，我把当时的发言要点整理了一下，教案就出来了。第一次试上，效果居然还不错。

除此之外，像前文提到的《孔乙己》共生原点"长衫"的选择等也是在听评课过程中想到的。

开发一节新课，有时候很难，难到茶饭不思；有时候很容易，容易到唾手可得。

但我一直以为，好的备课点子，其实一直就在那里，在等着我们，我们的思考和实践只要一直在课上，在路上，我们就能与它相遇。

我真应该感谢那些被我听课的老师，他们辛辛苦苦备一节课，把这节课上给我看。我呢，在听课和评课的过程中，不但磨炼了自己看课的眼光，还能时有灵光一闪，得到启发，获得新的备课思路。

教学设计一定要关注文本的"语言形式"

省教学基本功大赛"教学设计"专项集训，我选取了文本《植树的牧羊人》，要求推选参赛的三位老师在一个半小时之内，设计两套教学方案，一教读，一自读。

应该说，这三位老师都是"快手"，短时间内能设计出像模像样的课堂活动，实属不易。

但问题也是很明显的，那就是：对"语言形式"（怎么写）的关注不够，"语言欣赏"活动的设计，还略显不足。

教学活动设计，要尽量避免在"写了什么"上反反复复绕圈子。我们有不少老师，喜欢在那些一看就懂的东西（内容理解层面）上花费太多的精力，而对于文本的"语言密码"，即个性化的语言表达却着力不够，或者无可奈何。

能不能发现一篇课文的"语言密码"，主要取决于教师文本解读的能力高低。

下面，我就以《皇帝的新装》为例，谈谈发现"语言密码"的价值和意义。

《皇帝的新装》是一篇童话，对于七年级学生来讲，无论是文字还是主旨，在理解上都是没有障碍的，作者的语言表达有什么值得我们关注的呢？

我们来看"君臣看新装"情节中的人物描写。

先后有三拨人看新装，这三拨人有什么共同点？又有什么不同点？

首先找出"同"：

1. 当看不见布料的时候，他们都不承认自己是愚蠢的。老大臣：难道我是愚蠢的吗？官员：我并不愚蠢啊！皇帝：难道我是一个愚蠢的人吗？他们共同关心的，是自己的智商吗？不是，是担心自己的地位。

2. 当确认别人能看见布料的时候，他们都是很恐慌的，唯恐别人识破自己。老大臣：我决不能让人知道我看不见布料。官员：但是我决不能让人看出来！皇帝：这可是我所遇见的一件最可怕的事情。他们究竟恐慌什么呢？唯恐丢掉自己的权势地位，唯恐自己的尊严被贬低。

3. 他们都一致称赞这布料很美，而且称赞的语言都是一样的。把称赞的语言找出来，读一读，你发现了什么问题？称赞的语言很单一，很贫乏，都是一个"美"字。因为他们确实没有看见布料，不知道究竟是怎样的美。

写君臣三次察看骗子织布，通过对他们心理活动和语言的描写，反复揭露了他们的口是心非，刻画了他们愚蠢虚伪的嘴脸。如果只写其中的一次，不足以揭露整个宫廷的腐败。然而三个场面又几乎雷同，作者是如何处理这样的"类而不同"的呢？

老大臣和官员察看织布的神态、动作不同。课文中对老大臣的眼睛进行了细致的描写："把眼睛睁得特别大""眼睛越睁越大""一边说，一边从他的眼镜里仔细地看"，而写官员仅仅是"他看了又看"。

对他们的心理描写的句式也有不同。老大臣"愿上帝可怜我吧！"是祈使句；官员"这大概是因为我不配有现在这样好的官职吧？"是疑问句；而皇帝"难道我是一个愚蠢的人吗？难道我不够资格当一个皇帝吗？"是反问句。

对他们的语言描写也有所侧重。老大臣是第一个去的，所以对他的语言写得比较详细，不但反复描写他称赞布料，还特地交代了他回到皇帝那儿把骗子的话"照样背出来"。

这样写既充分渲染了整个宫廷的腐败，又避免了雷同。而且，兼顾到人物的身份，娓娓道来，妙趣横生。

你看，这样对语言进行"微观分析"，是不是比唠唠叨叨地反复强调"不要说谎，要说真话"有意思？

从《岳阳楼记》结尾一段的赏读说开去

《岳阳楼记》最后一段，是文章的点睛之笔，也是课文欣赏的重中之重。如何组织这一段文字的赏读活动呢？

三流的活动是这样的：逐句翻译，背诵默写。这一招对付古诗文默写是有用的，考其中某个字的特殊文言用法，或者某句话的翻译，也可能有用。如果学生做错了，老师可以说"这个问题我上课时不是讲过吗？"如此，老师就没有责任了。

二流的活动是这样的——提问1：古仁人与迁客骚人的览物之情有什么不同？提问2：古仁人为什么"进亦忧，退亦忧"？提问3："先天下之忧而忧，后天下之乐而乐"表达了作者怎样的情怀和抱负？提问4：在这一段文字里，作者对滕子京是怎样的态度？这样的"零敲碎打"看起来挺有用，也能一步一步把学生"带进去"，但这样的"问答式"，缺乏有效的思维训练，还有，万一学生"问而不能答"怎么办？

一流的活动是怎样的呢？

1. 对照课文注解，译读本段文字。在译读过程中，重点讨论"其必曰……"中的"其"怎么翻译。那一句千古名句，究竟让谁来说，更契合文意呢？这个讨论是非常有意思的。

2. 设问加追问。先设问：这段话里写到了哪些人？（迁客骚人、古仁人、吾）再追问：回读课文第一段，说说末段中被作者藏起来的那个人。然后，回顾历史，回顾文学作品，找一些"人"来对号入座。

3. 朗读内化。文段最后一句中，"噫"字怎么读呢？其虽然是一个感叹词，但"感叹"的味道，内涵很丰富。可以是喟叹，可以是失意，可以是自得，也可以是期待……可以说，只要把这个"噫"字读好了，文章也就读懂了。

这教学设计自诩为一流，是有点恬不知耻了。我以为，教学设计没有最好只有更好。《岳阳楼记》结尾一段的赏读活动，顶流的教学设计，就等您来了！欢迎语文同行献计献策。

想方设法让学生在文本里多走几个来回

——《背影》备课手记

阅读教学，就是师生之间、生生之间、师生与文本之间，来来回回地互动对话，共生共长。所以，在阅读教学过程中，教师要想方设法让学生在文本里多走几个来回。

在准备《背影》一课时，我想了很多办法，力图把学生引到文本中去，让他们在文本里来来回回地行走。

我预设的做法主要有这么几个：

1. 从不同角度感知课文。我设计的活动是：读书，完成填空"（　　）的背影"，可以填一个词语或短语，表达自己的理解。"父亲的背影"，是描写对象；"买橘的背影"，是主体事件；"回忆的背影"，是散文体裁；"感人的背影"是情感表达……这样的多角度填空活动，是走进文本的第一轮。

2. 聚焦精读"望父买橘"一段。我设计的活动是：精读课文选段，为流泪的"我"补写心理活动。我预估的情况是，学生能写及"我"的感动，于是我追问："我"当时仅仅是感动吗？从而引导学生回读课文，补充和丰富"我"的内疚、后悔、自责、心疼……这样就在文本中又走了一个来回。

3. 设疑猜读，再进文本。我设计的猜读活动是："我"感动于父亲为我爬月台买橘，为什么不在北去的列车上就动笔，而是时隔八年才动笔？读课文，猜猜父子之间可能发生了什么？课文里有一些隐含的信息，引导学生去关注。比如"东奔西走"，比如"家庭琐屑"……然后我会顺势打出背景介绍的文字，与学生的猜读互相印证。即寻找隐含信息，让学生带着疑惑再读课文。

4. 品读来信，在课文中寻读细节。我设计的活动是：读父亲的来信，发现父亲的"示弱"触动儿子的内心，"想起他对我的种种的好来"。再读课文，寻找那些"种种的好"的细节描写。这是换个角度再进文本。

5. 设身处地，体会儿子对父亲的深情。我设计的活动是：把课文最后一段文字，就是那段抒情的文字，改为第二人称，直接对父亲告白。学生边改，边轻轻地读，然后请一个学生朗读，全班朗读。换人称朗读，以作者视角再次走进文本，体验更真切。

这次的备课，我想达到的教学效果，就是让学生从不同角度，以不同路径、不同方式走进文本，不是一个回合，而是多个轮次的"走进"，从而读到作者隐秘的、含蓄的、丰富的、细腻的、震撼的情感表达。

跨学科学习，究竟是个什么东西

新课标提倡跨学科学习。

于是，有些老师就迫不及待"跨"起来了。

有的在《核舟记》学习课上，组织学生做手工，在萝卜上刻船，美其名曰"跨劳技学科"；有的在《安塞腰鼓》学习课上，把音乐老师请过来，教学鼓点节奏，美其名曰"跨音乐学科"；有的在《三峡》学习课上，化身地理老师，大谈特谈三峡地貌，美其名曰"跨地理学科"；有的在《散步》学习课上，抛开文本，对学生进行"家风"教育，美其名曰"跨思品学科"……

跨学科学习，就这样，成了拼盘，成了杂烩，成了"四不像"。

相比之下，其他学科跨语文是容易的，毕竟语言文字也是其他学科学习的工具——甚至有些英语课，还有中文授课的环节呢，这算不算跨学科学习？

但是，语文学科跨其他学科，一定要慎重。

语文课标要求在真实的语言运用情境中，通过积极的语言实践，积累语言经验，体会语言文字的特点和运用规律，培养语言文字运用能力……这样看来，语文课上的跨学科，一不小心，可能就不是"培养语言文字运用能力"了。

语文课，语文的"血统"一定要纯正，语文老师千万不要心急慌忙去种别人家的庄稼地，而荒废了自己的责任田。

有些老师，甚至有些专家、名师，对跨学科学习这事，认识上还是有误区的。

"跨学科学习"这个短语，如果补全成分使其成为一个句子的话，那可能就是这样的：（借助）跨学科（这个支架）学习（语文）。也就是说，语文课上可以引进其他学科的元素，把这些元素作为语文学习的支架，达到学习语文的目的。不管跨不跨学科，都必须是语文课，是学习和运用语言文字的课。

比如，我教学《变色龙》一文，在"主旨探究"环节，就组织了一次跨学科学习。我的具体做法是通过 PPT，引入了"变色龙"（蜥蜴）的生物学资料，结合生物学资料，谈谈作者用《变色龙》作课文标题的用意。

由此可见，语文课堂上的"跨学科"，不是在语文课上去学其他学科的知识，而是借助其他学科的知识来学习语文。

我感觉，语文学科与历史学科是近亲。很多时候，品鉴作家作品，需要结合文学史，需要结合创作的时代背景，所谓的"知人论世"，就是"文史不分家"。

如此说来，语文学科与历史学科，有时候是不是可以根据教学需要，适当进行"学科融合"的尝试呢？

不过，我也说不清"跨学科"与"学科融合"到底有什么区别和联系。

说不清那就不说。我要是哪天能玩概念了，也许就做专家了。

最后还是要再强调一下。语文课的跨学科学习，一定是为了语文的学习。如果我们语文老师组织的跨学科学习，只是让学生学了一些拉拉杂杂的"非语文"的东西，那就不能算真正意义上的跨学科学习。

那样的"跨"，是劈腿。

老师，你怎样布置预习

为什么忽然想写这个话题呢？

是因为前不久，我借班上《动物笑谈》自读课，不知是什么原因，这个班的语文老师愣是没布置预习。有老师私下里告诉我说，是这个学校有个别老教师好奇心重，想着"不预习，看看专家有啥法子组织教学"，于是故意怂恿语文老师不布置预习。

我没有去求证这个消息是否确凿。即便确实如此，也不能怪一线老师，谁让有些专家到一线去大话连篇呢？课后交流时，我很老实地说，虽然我也上过不少"陌生化阅读"课，有时候我甚至特别吩咐所借班的语文老师，不要安排预习，怕泄露天机。但这节课，不预习，我就没办法按照原方案组织教学，我只好当堂拿时间出来让学生读书（补预习），并且在教学过程中，不断调整教学预设。不然，我这个老司机不就当堂翻车了吗？

言归正传。

有些课，是不能安排预习的。

记得，我在苏州湾学校上课，计划上一节陌生化状态的名著导读课。我问，《城南旧事》读过吗？有几个学生说读过。我就临时换课，问：《爷爷变成了幽灵》有人读过吗？有两个孩子举手说读过。我就再换，《开往远方的列车》有人读过吗？这回没人举手了，于是就上这个。

陌生化状态的导读，必须确保文本的完全"陌生"。只要有一个孩子读过，在听读猜想的过程中，这个孩子肯定控制不住要"泄密"，这就不好玩了。

有些课，预习只能蜻蜓点水。

一个文本，篇幅不长，内容理解难度也不大，布置预习的时候，就不宜大动干戈，要尽可能把解读文本的活动空间留在课堂上。

如八年级上册《新闻两则》，学生课前读两遍，标注节次，学两个成语，知道报道的核心事件，初步感受新闻的特点就好。

再如八年级上册《背影》，预习时，学生把课文读熟练就好，最多稍稍提醒学生，关注一下几次"背影"和几次"流泪"。万不可把课堂上需要现场研读和生成的东西，如把"发现作者的情感变化"这个主问题拿出来，美其名曰"助学案"，让学生提前做阅读理解题。如此，语文课就成了"对答案的课"，还有什么意思呢！

有些课，需要设计深度预习。

这时的预习，是教学预设的重要环节，它事关课堂教学的达成度和生成性，不好好预习，课就没法上好。

比如八年级上册《愚公移山》，这个文言小故事，情节性强，所以阅读上不会有太大的障碍，但"疏通文意"这个环节是不能少的。如果是家常课，我们大可慢慢来疏通，但如果是公开课，而且只能是一课时，那疏通文意占时太多，就会影响"文学欣赏"的活动呈现。这就需要把疏通文意这一环节，放到课前预习，上课时只检查预习就好。

当然，这仅是考虑时间因素，有时候，我们还需要考虑，预习与课堂活动之间的共生效应。

比如我在教学《智取生辰纲》的时候，往往布置这样的预习作业：1. 读课文至少三遍，能复述这个故事中最经典的细节；2. 阅读过程中，用笔画一画你发现的"智"，批注在文段旁；3. 题目是"智取"，读课文，看看吴用等人有没有"不智"的地方。

这里的预习，就是"深度预习"，学生必须在课前认真阅读，认真思考，适度圈点；否则，他就没办法在课堂上参与深度分享。

当然，与课堂活动共生的预习，并不是越深越好，越细越好。而是要看你布置的预习，是不是能成为课堂生成的"种子"，学生预习的原初成果，是不是能成为有效推动现场生成的动力。

这样的预习，是"一"，有了这个"一"，我们在课堂上才能生出二、三、四来……

语文课的魅力，就在于课堂生成有"无数的可能性"，如果我们在预习环节做得太"到位"，乃至于"越位"，反而会影响课堂生成。

好的预习，既是课堂学习的前奏与基础，又是课堂活动的原点和触发点，所以，"铺垫课堂学习的道路""留有后续生长的空间"是布置预习的基本原则。

是否布置预习，布置怎样的预习，如何把握预习的"度"，这都需要教师根据文本的特点，根据教学设计的要求，因地制宜地巧妙安排，毕竟它直接关联着课堂教学的品质。

把课堂的意外生成，转化为再教的预设

在课堂上，意外时有发生，它们因境而生，极有转化价值。

比如：我在教学《我的叔叔于勒》一课的时候，讨论"应该把孩子们领开"这句话怎么读，大家都认为是"镇定的语气"，但偏有一个孩子"打横炮"，说用"恐惧的语气"读。我就让他读读看，他一读，其他人都笑——这句话没办法用恐惧的语气来读。后来我们得出了结论：克拉丽丝表面是镇定的，内心是恐惧的。

但我没有到此为止，继续追问：结合课文说说，克拉丽丝在怕什么呢？同学们纷纷举手：她怕女婿起疑心；她的发财梦破灭了，怕面对现实；她怕于勒回来拖累全家；她怕被于勒认出来，从而让船上的人看笑话……

挖掘出这么多的"怕"，是课堂上意外的生成。为此，我不得不临时删掉了后面的一个比读活动。

但我觉得这样做，很值。

后来，我又上过两次《我的叔叔于勒》，再教时，我就把克拉丽丝的"怕"的探究活动，作为我的教学预设了，收到了很好的教学效果。

　　面对"打横炮"，我们不用怕，不用急，我们应该在教学现场迅速判断，它有没有"做大"的价值。如果有，就承认它，并且立刻想办法"扩大战果"；如果对即时生成满意，就把它记下来，融进再教的预设中。

　　面对"打横炮"，我们需要足够的教学智慧来应对，来转化。平时课堂上，对于学生的精彩回答，我们同样可以做这样的思考：能不能转化为再教的预设？

　　比如：我在教学《石壕吏》的时候，有一个教学环节，"夜久语声绝，如闻泣幽咽"这句诗里的"咽"，有可能是谁在哭？结合诗歌情境猜读。我的预设是：孩子哭，母亲哭，老翁哭，老妇哭，诗人哭。在第一次试上的时候，有个孩子回答：有可能是石壕村里邻居在哭。

　　这个回答多妙啊！邻居家肯定也有被抓走的人，如此，诗人所写，就不仅仅是一家的悲剧，而是一个村的悲剧，是当时饱受战乱的人民的悲剧。

　　我当场表扬了那个孩子，并且在下课后，立刻把这个精彩的回答，加在了备课笔记里，作为再教的预设。过了几个月，张家港曹特请我去给他的团队上课，我毫不犹豫地选了《石壕吏》，并且，在课堂教学过程中，努力引导，非要"追"出邻居的哭来。

　　下课后，有个老师问我：徐老师，这个"邻居哭"设计得太好了，你是怎么想到这么精巧的设计的？

　　我说：这不是我想到的，这是上次试上课时，江阴初级中学的一个孩子告诉我的。

努力把单篇课文上出"大单元"
的格局和气象

"大单元""大概念"在很多地方，正如火如荼地推行。

目前，"大单元"教学存在着不少问题和误区，主要表现在以下四个方面：

一是概念混淆。把"大单元"这个术语中的"单元"与教材编写的"单元"混为一谈。我专门请教过我的英语教研员同事，他告诉我，在英文中，"单元"是 unit，没有找到"大单元"或"单元整合"的英语文献。看来，"大单元"可能是在舶来的过程中发生了变异。

人家英语教学，也是需要一课一课去落实单元目标的。单课教学也是很重要的，只是单课教学时注重单元目标而已。从这个意义上来看，我们现在很多老师在做的"大单元"，把很多单篇弄到一节课里，根本就不是 unit，而是 group（一群、一组）。

二是内容芜杂。把"大单元"的"大"等同于材料的"多"。有些老师一个课时的教学，文本选择动辄上万字；数个文本材料，横贯古今，连接中外，导致学生课堂上的文本研读浅尝辄止。

三是逻辑不明。并非只要有一个共同的话题（文体、概念、主题、议题）就可以强行"拉郎配"。比如有老师将《中国人失掉自信力了吗》《就英法联军远征中国致巴特勒上校的信》《马说》三篇文章放在一起"大单元整合教学"，这显然是缺乏逻辑支撑的。

四是重心失当。"大单元教学"，最忌对所有文本平均用力。这里的"平均用力"，既指在各篇上用时平均，亦指针对各篇所组织的学习活动雷同。

其实，"大单元教学"并不等同于"多文本教学"，单篇课文的教学，照样可以教出"大单元"的格局与气象。

读一篇，知一类文体的阅读规律。

单篇教学，不止于"这一篇"，而是通过研读"这一篇"，知晓"这一类"文章的基本阅读规律。比如我在教读《小石潭记》时，抓住这个"记"组织课堂活动：这篇课文中哪些内容符合"游记"的文体特点？如此，学生不仅读懂了这一篇游记，也积累了"游记阅读"的基本方法。

读一篇，欣赏一个作家的行文风格。

曾听黄厚江老师的课《昆明的雨》，前半堂课，黄老师和我们很多老师的做法一样：读昆明的雨，读昆明雨中的景、雨中的人、雨中的事。后半堂课，黄老师把活动重心放在了汪曾祺散文随性的风格，并且跟学生在课文里来来回回地行走，去发现和分享随性风格的句子。如此，这一个单篇教学，由文章内容理解拓展到作家行文风格的欣赏，阅读的视野就开阔了。

读一篇，拓展一个文本的解读空间。

教材选文，尤其是经典作品，是常读常新的，我们不能囿于固有的结论。文本的解读空间不断被挖掘，这个文本自然就越来越"大"

了。比如我最初在教学《变色龙》时，主题落在"警官的趋炎附势"；后来我把它调整到"奴性人格的生存土壤"；最后我又增加了"乌合之众"这个话题。

读一篇，培养学生的发散性思维。

我们都知道，阅读是与言语思维训练紧密关联的。我们在教读一个单篇的时候，需要把学生思维的触角，深入到文本的每一个角落。思维训练，可以是"聚焦式"的，也可以是"发散性"的。哪怕只是一首诗，几十个字，只要思维发散了，课堂照样很"大气"。

我们就以"僧敲月下门"为例。这一个"敲"字，引发的思维风暴、课堂呈现完全当得起一个"大"字。1. "敲"为什么比"推"好？2. 在什么情况下，"推"比"敲"好呢？3. 除了"推"和"敲"，你觉得还可以用哪个字？说说理由。

综上所述，"大单元"之"大"，绝非体形庞大，乃"活动空间大"之谓也。同样的道理，从国土面积来看，俄罗斯是大国，但如果说以色列也是大国，也对。

我并非完全否定"多文本"教学，我以为"大单元"可以多文本，我也赞同"有限多篇"。但如果在一节课上，不顾初中学生阅读能力的实际情况，动辄数万字，大几千字，且把这种形态的"大单元"作为主流和"标准"，这是不正常的。

至于有些课标专家装神弄鬼地，把"大单元"整得多么艰涩多么高深，我们大可不予理睬。

我们一线语文老师，首先要扎扎实实把单篇教好。追求单篇教学的大格局、大气象，就是在"大单元"。

情境设置也分三六九等

新课标提出了"情境任务",于是乎,一夜之间,大家都"情境"起来了。山朗润起来了,水涨起来了,"情境"的脸红起来了。似乎,不"情境",我们的课就不高大上了,就不新课标了,课将不课了。

那么,组织学习活动,要不要情境?当然要。既然需要情境,就存在这样一个追问:我们的语文课,需要怎样的情境?

当下很多老师对情境的理解与设置,其水平与境界,也分着三六九等。

四流的情境是这样的:执教《土地的誓言》,让学生趴到土地上,嗅着泥土的气息,深情吟诵课文;执教《背影》,整辆大巴车,带上课桌椅,把学生拉到浦口火车站月台上去上课……这样理解情境,显然把学习的情境跟上课的环境混为一谈了。当然,退一步来看,这也算是设置情境,不过是最低级的情境。

三流的情境是这样的:用声光电来营造氛围,美其名曰"情境"。比如,执教《安塞腰鼓》,必然要先播放一段安塞腰鼓的视频;执教《在烈日和暴雨下》,肯定要拉上教室的窗帘,用90分贝的音量,感受电闪雷鸣。我曾听一个名师执教《散步》，通读文本，虚晃一枪之后，老师给学生讲述自家的亲情故事，老师讲得声泪俱下，学生听得泪花闪闪。有个听课老师哽咽着问我：徐老师，这节课应该是好课吧？我问：凭什么？老师说：情境设置得太好了，孩子们都感动得流泪了呀！我说：我看这样的情境是多此一举，直接喷辣椒水不是更便捷吗！这种种与文本语言"隔"着的情境，再怎么生动感人，都算不上好情境。

二流的情境是这样的：教学《密州出猎》，给苏轼建一个朋友圈；品析《行路难》，给李白建一个朋友圈；导读《朝花夕拾》，给鲁迅建一个朋友圈……"建朋友圈"成了"情境界"的"万金油"，这就有问题了。"万金油"式的情境设置，除了"建朋友圈"，还有"跟着课本去旅游"：我们一起去游览苏州园林啦；我们一起去游览勃朗峰啦；我们一起去游览冬天的济南啦……有一次，我听一节小学语文课，老师设置的情境是：跟着老师游览天安门。下课后，几个小朋友争论不休，一方认为，老师真要带他们去天安门；另一方说，老师是骗人的，不可能真带他们去天安门……这情境还真够"情境"的！

一流的情境是怎样的呢？四个字：境由文生。

所有的好情境，都应该是真实的情境，这里的"真实"，指的是与文本的逻辑契合，而不是非语文方式的机械再现，更不是对文本的改造颠覆。

有的老师以为，教学《壶口瀑布》，如果不把壶口瀑布的视频播放出来，就没有情境了，就不能展现壶口瀑布的气势了。而我以为，壶口瀑布的壮观这个情境不该通过非语文的方式来创设，"非语文"的情境，是假情境。

　　我也曾看过某名师执教《周亚夫军细柳》，他创设的情境是：假如你是文帝派出的使者，先行一步进入细柳营，说说你的经历。其中一个学生说自己进去后被轰了出来，非常生气；还有一个学生说自己在里面受了气，出来找文帝告了周亚夫一状，被文帝批评了。老师表扬了这两个学生。很显然，这里的情境，哪怕学生描述得再怎么精彩，它都是失真的，因为它违背了文本的本意表达。

　　所有的好情境，都应该从文本语言中生成，同时又与文本的阅读相互作用。

　　比如，黄厚江老师在执教《猫》一文时，让学生给文中三只猫取名，这就是最好的情境任务。取名，必须结合文本的语言理解，这是从文本语言中生成；同时，取名妥帖与否的评价，又与学生的文本阅读互相作用，共生共长。

　　所有的好情境，都应该是从文本中来，再回到文本中去的。

　　我在执教《愚公移山》时，设置的情境是"笑"。具体操作是：1. 河曲智叟"笑而止之"，是怎样的笑？补白他的心理活动。2. 愚公的回答，能不能加一个"笑"？这个笑可能是怎样的笑？3. 课文里其他人的言行，能不能加一个"笑"？4. 天帝如果笑，他的"笑"有什么内涵？这个情境任务的设置，从文本中"一点"生出，然后回馈到文本，"多点"散发，最后聚焦到"帝感其诚"。

　　如此，情境才不是孤立的存在；如此，情境与文本，情境与活动，情境与学生，才能相互作用，共生共长。

　　一言以蔽之，情境任务其实并不神秘，它不过就是基于文本的课堂活动设计的一个形态罢了。

容易被忽略的教学细节——导入

说到课堂导入，我的眼前立刻浮现出这样一组画面：

执教《壶口瀑布》，先放一段气势恢宏的视频，然后说，这就是壶口瀑布，今天我们来学习梁衡先生的《壶口瀑布》；

执教《沁园春·雪》，先出示一张 PPT，文字密密麻麻的，介绍毛主席去重庆和谈的背景，读完，犹不过瘾，来第二张 PPT，介绍毛主席的诗词成就与风格，然后说，今天我们来欣赏毛主席的《沁园春·雪》；

执教《就英法联军远征中国致巴特勒上尉的信》，一张又一张 PPT 点过去，都是圆明园的残迹，老师先对侵略者控诉一番，然后问学生：你们想不想知道，大文豪雨果对圆明园被毁是什么态度？请翻开课本，浏览课文。

……

以上种种，都是典型的导入不当。

很多老师在导入上花了太多的心思，七弯八绕的，反而浪费时间；浪费时间不说，还头重脚轻，冲淡了学生对文本的注意力。

我见过的，最吃力不讨好的一个导入，是一个老师参加课堂大赛，执教莫言的《卖白菜》，居然用了五分钟时间，介绍莫言创作了哪些作品，还让学生当堂背诵那些作品的名字。我在评课环节开玩笑说，你这节课，能把《卖白菜》这一个"鸡蛋"吃好就行了，干吗非要把这只老母鸡的家底翻个遍，把其他的鸡蛋都挨个数一遍呢？

我还听说过阵仗最大的一个导入，有个老师把课桌椅和黑板都搬到黄河边，雇大巴车拉上全班学生，去上《黄河颂》。按照这个思维，学《背影》就要去浦口车站，学《在萧红墓前的讲话》就要去陵园，学《太空一日》去天上……

说到底，这都是对情境导入的曲解。

语文学习的情境，不是把文本所描写的画面"复制"或"拍摄"出来，而是学生经由语言文字的阅读，在脑海里生成相应的镜像。

所以，语文老师犯不着花很多心思去琢磨导入，最简便最清爽的导入是：同学们，今天我们一起来学习××，请打开课本。

开门见山，多好！

当然，我这么说，并非把好看又实用的导入一棍子打死。研究"导入"这个教学细节，有时候确实能给人眼前一亮的感觉。尤其是参加赛课，评委们听到昏昏欲睡之际，你的导入如果很出彩，那简直就是加分项啊。

好的导入应该是怎样的呢？

首先，应该是短的。短小、精炼、要言不烦，而不是拖沓、冗长、繁杂。一定要避免网上搜索，不加筛选和提炼，眉毛胡子一大把，直接复制粘贴。

其次，应该是软的。所谓的"软"，相当于广告的软文，不要太激烈；相当于大餐之前的开胃羹，不要上来就是"硬菜"。软，才能春风化雨，不露痕迹地把学生慢慢地引进去。

再次，应该是活的。有的老师设计的导入，单独来看是不错的，但如果放到整堂课来看，它却是"断"的。导入不应该是一个相对独立的环节，它应该有着鲜活的生长力，也就是说，一节课的学习起点，应该是从导入里生长出来的。

回想自己上过的课，我最不满意的导入，是执教《茅屋为秋风所破歌》时，把写作背景在开课之初就哗啦啦地呈现出来，每当想起那个硬邦邦的导入，我就恨不得把那个课堂实录给删掉。

当然，我也有很满意的导入，前文提到的《水浒传》名著导读课的"称呼探讨"就是其一。

所以啊，"导入"这个教学细节，玩得好，是美人痣；玩得不好，就成了痤疮。不可不慎啊！

教语文，我们要尽量慢下来

语文教学，是"慢"的艺术。

慢热，就是在课堂上静静地等待一朵花的盛开。

泡茶，我不喜欢用滚烫的开水，我喜欢用温水。当然，温水泡茶，需要时间，需要等待。我们有些老师，教学设计蛮不错的，可是拿到课堂上去检验，效果有时候会打折扣。究其原因，就是在实现预案的过程中，缺少等待的意识和能力。比如：请同学们用五分钟的时间，读课文，思考以下问题……结果呢，三分钟不到，学生课文都没读完呢，就开始急吼吼地追要答案了。等他们读完课文，思考成熟，再交流，不好吗？再比如：请一个学生朗读课文，非要请班长、请课代表、请朗读最好的同学，学生读完，全班热烈鼓掌。人家读得好，那是人家基础好。我们为什么不能喊一个读得不怎么好的学生来读课文呢？读得不好，没关系，我们就等等他，帮帮他，让他读得更好些，这才是"变化"，才是"学习的发生"。慢热的"热"，是有温度的"热"，有味道的"热"，有内涵的"热"。

细嚼慢咽，文本研读的基本准则。

师生之间、生生之间，围绕文本展开的一切活动，都是急不得的。譬如吃饭，不细嚼，无以知其味。对某句话、某个词语甚至某个标点的使用，引导学生慢慢地"咬文嚼字"，品出其中的味道，这就是文本细读。慢和细是孪生姐妹。慢是细的前提和基础，细是慢的目的和追求。我们放慢脚步，才能发现旅途中的美景。一句话，慢下来，我们才能领着学生，在文本里来来回回地、从容不迫地行走。

慢工出细活，慢下来，才有"过程"。"慢工""细活"，是语文课的基本配置。有些老师巴不得学生一问就答，一答就对。其实，这种傻瓜式的问答根本不是对话，因为缺乏思维含量。快，更多的是奔着结论而去，而慢，才能确保过程。我们可以把有些活动进行"任务分解"，做出活动的层次，从而使得课堂形态不是"一步到位"，而是"一步一步向上走"。我们可以预设有支撑力的"主问题"，组织学生围绕"主问题"进行阅读、思考、分享、辨析、评价等活动，在此过程中，老师充分放手，引导学生自主评价、相互补充，老师只在关键处果断出手。我们可以发挥"追问"的作用，不满足于学生已有的结论，持续追问，将学生的思维引向深入。有时候甚至可以"无疑而问"，故意设置矛盾和障碍，挑战学生的阅读思维。如教学诗歌《你是人间的四月天》，探究"你"所指代的内容。刚开始，有学生说，"你"指代诗人的孩子；老师追问，有学生补充说，"你"也可以指代恋人；老师继续追问，学生再读诗，发现"你"还可以泛指所有爱的人；老师再追问，一定是指代"人"吗？学生思维被打开了，于是，他们读出"你"的丰富内涵：理想，信念，一种恬静的氛围，一切美好的事物……心急吃不得热豆腐，慢慢炖，豆腐才入味，慢慢吃，才能品出其中的好滋味。

慢条斯理，教学语言的自信表达。

生活中，我们常常发现这样的情况，越是胸有成竹笃定的人，说话越是慢条斯理；越是心中没数心虚的人，说话越是快又多，唯恐别人不知道他心里的想法。

课堂教学中，也是一样的道理。在课堂上话多，恰恰是心里没底的表现。从容、简洁、准确地评价学生的课堂活动，你的教学语言就应该是慢条斯理的。

慢条斯理的背后是教师的表达自信。慢条斯理的教学语言，更便于学生接收和处理教师传达出来的言语信息。它是学生语文阅读的"第二文本"，对培养学生温文尔雅的气质也有帮助。不能想象，一个急吼吼的"话痨"老师，能陪着学生悠然而惬意地行走在语文课堂里。

当然，慢和快，也是辩证的。尤其是课堂的节奏感处理，更应该注重快与慢的协调。语文教学当如跑马，有时需要快马加鞭，有时需要勒马细看。有风景处，就慢下来，好好欣赏；非紧要之处，就快点走，不拖泥带水。简言之，就是：当快则快，当慢则慢。当然，这全凭教师的眼力和功夫。

我的网名为"吟啸徐行"，"徐行"，可不就是"慢慢走"吗？

人一生下来，就朝着死亡在走。慢慢走，虽然不能延展生命的长度，但是，可以丰盈生命的厚度。

刘亮程说，许多年之后你再看，骑快马飞奔的人和坐在牛背上慢悠悠赶路的人，一样老态龙钟回到村庄里，他们衰老的速度是一样的。时间才不管谁跑得多快多慢呢。课如人生。

从预设到生成，这条路究竟有多远

预设与生成，是教学与研究永恒的话题。预设，是备课；生成，是在执行预设（上课）的过程中，生成新的教与学的资源。从预设到生成，几乎凝聚着一个老师对教学的全部理解，沉淀着一个老师毕生的教学智慧。

预设是生成的前提和基础。

我们首先要把课精心备好，形成良好的预设，并在课堂上努力去实现预设的各项目标。预设的大体框架和主要活动环节，拿到课堂上，一般情况下不宜全盘推翻，也尽可能不要"临时起意"，做较大幅度的调整。对于年轻教师，甚至还可以把"过渡语"和"总结语"提前备好。

教案（预设）是预案，不是结案。

所以我们在执行预设的过程中，一定不能"死死地"盯住预设，不能把"按部就班完成各项预设"当作好课的评价标准。我们必须带着预设进课堂，但我们的教学，并不是为了一板一眼地落实预设。我曾经说过，上课时既不能抛开预设"胡来"，东拉西扯；也不能盯住预设一成不变，亦步亦趋。完整走完预设各环节、到点下课的课，肯定不是好课。语文课的魅力，语文课的生命与灵魂，在于生成。

预设，要考虑未来生成的"各种可能性"。

听课时常常看到，有些老师因为在预设时只考虑了"一种可能性"，而学生的现场学习是千姿百态的，不能呼应老师预设的这"一种可能性"，于是课堂上就出现了很多"伪引导""伪启发"。老师想尽一切办法，"循循善诱"，非要把学生带到他预设的那个"坑"里才作罢。我曾有一次到学校检查教案，发现有老师的教案，出现大量"师：……生：……"这样的表述，我就问老师：这是教案还是课堂实录？老师说是教案。我就追问：你怎么就预料到学生会那样回答？如果学生不如你所愿，跟你预设的答案不同，你怎么办？只预设"一种可能性"的教案，肯定不是好教案。

预设，要为未来的生成留足"生长空间"。

之前我写过一篇《从问题到答案，这条路究竟有多远》，我想说的，就是我们的预设不能满足于"提问题，找答案"，更不能满足于"问题一出，答案就出"。因为这样的课堂，"过程"太过于简单。课堂活动的"过程"如何才能丰富？很简单，预设某个教学活动时，要考虑这个活动是不是有"三力"（支撑力、凝聚力、生长力），尤其是"生长力"。师生之间，生生之间，师生与文本之间，如果能够不断地"来来往往"，而非"一问就答，一答就对"一个回合，那么，这样的预设无疑是成功的。比如，我在执教《纪念鲁迅先生》时，绝不会预设"你读到了一个怎样的鲁迅先生？"这样鲁莽而愚蠢的问题，而是从"剪影"切入，让学生广泛交流，相互修正和补充，进而在丰富的现场生成基础上组织教学。

有些超越预设的生成，可能对预设形成反哺与优化。

我有一个习惯，就是课堂上如果收获了超越预设的生成，下课后会立刻把它记下来，然后进一步思考，这样美好的生成，是无意间"从天而降"呢，还是隐藏着某种规律性的东西？如果是后者，就要对这个"生成"进行理性分析，看看能不能把看似无意的"生成"，植入教学预设，从而形成"可预见的生成"？这里说的，其实就是教学反思了。教学反思的一种形式，就是对教学预设的某些环节，进行调整和优化，以期待有更好的生成。前文提到的执教《我的叔叔于勒》时，对"打横炮"的处理可以很好地佐证这一点。

为了生成的预设和基于预设的生成之间，应该是怎样的关系呢？当然是共生共长的关系。

关于名著导读课的九条教学主张

1. 学生的课外阅读，不是完全放手不管的"自由阅读"，而是需要通过导读来提升他们的初始阅读体验。

2. 如果说学生的自主阅读是炖汤，教师的导读就是往汤里加调味料。什么时候加，加什么，加多少，全凭教师的眼力和功夫。

3. 整本书导读课，首先要化整为零，分步实施，然后再连点成线。

4. 读整本书，应当泛读与精读相结合，有时要一目十行，有时要字斟句酌。

5. 名著导读课要少做问答题，多做讨论题。

6. 名著导读课上，既要鼓励学生多元解读，"一千个读者就有一千个哈姆雷特"，也要尊重名著的主流阅读价值，确保学生发现的是"哈姆雷特"，而不是"李尔王"。

7. 每一本名著都是独特而富有个性的，所以名著导读课绝无"模式"可供套用。因书制宜，才能上出有分量的名著导读课。

8. 教师的启发引导是"导"，学生之间的分享、补充或评价也是"导"，后者可能更有意义。

9. 教师自己先把一本书读懂、读透彻，是上好导读课的前提和基础。

名著阅读三维目标之"过程与方法"

在推进名著阅读过程中，我们经常发现很多老师"布置"和"考试"，对于"过程"做得相对粗糙；也有一些老师，把"圈点批注"和"写读后感"当作万能钥匙，无论读什么书，一律选用这种方法。长此以往，学生当然会出现阅读疲劳，不肯读，应付了事。

名著阅读的过程，应该是"春蚕咀嚼桑叶"的过程。

每天读一点，日积月累，整本书就不知不觉地读完了，那种"突击式""运动式"的读书，热度很难持续，且读书的效果要打折扣。每天，学生将截止页折角，做好记号，家长也可以协助做好督促工作。一周过去，教师可以个别检查，也可以上一次导读课。一方面检验读书效果，相机提升学生的原初阅读体验；另一方面，对下周的阅读进行布置和方向性指引。

名著阅读的过程，应该是"个性与共性并重"的过程。

阅读是个性化的文本理解过程，每个孩子的阅读体验都基于"这一个"孩子的阅读积累和语言感悟。但是我们的名著导读，又要顾及整体推进，这就需要我们语文老师兼顾导读的个性与共性。我们可以通过阅读作业的批阅实现个性指导，也可以在导读课堂上关注学生的个性化表达。但在导读设计的时候，要从这个年龄阶段和这个班级的阅读现状考虑，设置共性的阅读目标，引领大多数孩子"跳一跳，够得着"，不平面滑行，也不人为拔高。比如《水浒传》的导读。对于水浒英雄的"杀人"，初二学生的原初认识，就是血腥的杀人场景。为此，我们可以引导学生探究：同样是杀人，武松的杀人和李逵的杀人、林冲的杀人，有什么不同？这个探究的目标，就是名著共读活动的共性目标。达到这个目标之后，也可以鼓励学生进一步阅读与发现，比如：林冲的"杀"与"不杀"，让你发现了哪些有意思的东西？

名著阅读的过程，应该是"千姿百态"的解读过程。

每一本名著，都是作家运用独特的语言密码对语言文字的排列组合，所以对不同的名著，应该寻找进入这本名著的最契合的路径；即使是同一本名著，对不同的章节，也应当有针对性地组织相应的导读活动。常见的导读活动有：简介内容，给主人公写信，摘录好句好段，写读后感，写好书推荐语，制作读书小报、专题黑板报，重新拟定小标题，设计书签，进行话题讨论，仿写、改写、续写、扩写，召开故事会，组织课本剧表演、人物采访、辩论会，写简短的书评、人物述评……这些活动，既是导读的形式，也是过程性考查的形式。

名著阅读的过程，也是教师、学生、名著之间"共生共长"的过程。

不要以为教师的阅读体验一定是对的，一定高于学生，很多时候，学生的阅读体验能促进我们老师的阅读思考。比如《西游记》的阅读，有学生问："孙悟空大闹天宫时本领那么高，为什么西天取经路上很多妖怪都打不过呢？"我相信很多成年人遇到这个问题都会一怔，甚至回答不上来。名著阅读，不能止于读懂，还要能发现名著公认的阅读结论之外的东西，这也就是我们所说的"常读常新"。这里的"新"，就是读者与名著之间生长出来的阅读空间。

　　名著阅读，方法有了，过程有了，就什么都有了。

不会上作文课没关系，但不能乱来

几年前，我的高中同学向我求助，说她上六年级的孩子，有一项语文家庭作业不会做，请我指导一下。

是什么作业呢？那个班的语文老师，不知道受了什么刺激，突发奇想，布置孩子们回家写一篇作文，用文言来写。

没错，让六年级小朋友写一篇文言文。

我说，我也不会啊。为了给自己的"不会"找借口，我说，我们学习文言文，是为欣赏祖先的语言表达，为了解祖先语言文字背后的文化，绝不是为了学会写作文言文。

我同学锲而不舍，说，那你帮忙把孩子的作文翻译成文言文，能交差就行。我说，这就是没脑子的人布置的没脑子的作业，我才不助纣为虐呢。

小学六年级作文教学的基本定位都没搞清楚，这是乱来！

还有一次，中考阅卷，某学校有三个孩子的作文"雷同"，这是很严重的事。经过倒查，原来是这个班的语文老师，在中考之前，让本班学生背诵"满分作文"，结果三个孩子不约而同背诵了同一篇，撞车了。

我当时很气愤。一方面，作为区县教研员，觉得丢人；另一方面，因老师的愚蠢而让学生背锅受损，既成事实，痛惜而无奈。

背满分作文，这也是乱来。

还有更奇葩的。

前不久，我一个外地朋友，跟我说孩子的字写得越来越差了，我就问：是啥原因呢？友人说，因为全班语文成绩滑坡，语文老师让孩子们每天抄写一篇优秀作文，孩子作业多，写慢了来不及，字就写得潦草了。

怎么有抄写作文这样的作业？这不是乱来吗！

好玩的在后面，有一天，友人向我求助，说孩子抄写的作文，语文老师不满意，因为不够"优秀"。我就问老师有啥要求，友人说，要求抄写一篇"借景抒情"的优秀作文。我就给推荐了林清玄的一篇……后来听说，又没通过，因为语文老师说，抄写的这篇优秀作文，要"跟初一学生写作水平相当"。

我一口血差点吐出来。

我说，幸亏这老师不是我们江阴的，不然，我肯定要杀上门去，骂个狗血淋头才解恨。

很多语文老师不会上作文课，没关系，但你不能乱来啊。

不会上作文课，就老老实实"开两会"，一个"表彰大会"，一个"批斗大会"，然后大家一起来改改别人的作文，改改自己的作文。

不会上作文课，千万不要"拍脑袋"，随便想个作文题目就让学生写，更不要在初一年级就拿中考作文题去练手。你就规规矩矩的，跟着教材单元设计的写作要求走。

不会上作文课，可以自己先试着写写下水作文，下水作文写多了，指导作文的"感觉"就有了；老师能写了，对学生的写就有了推动力。

实在不会上作文课，那就不上好了。认认真真上好阅读课，陪伴、指导学生把一本一本优秀的课外书读好，这就是最好的写作指导。我一直以为，阅读是写作之母，阅读到位了，写作应该是顺理成章的事。

那些在作文教学上乱来的老师，其实都是不读书的老师，或者说，都是只读"三本书"的老师。

哪"三本书"，你懂的。

评作文时不妨"枪口抬高一厘米"

我不会开车，常坐副驾驶，居然学会了指手画脚。有几次，我对朱老师的侧方位停车实在看不过去，出言讥讽，笑她当年这驾照怎么考到的。朱老师大约是忍无可忍，说："你来开！"

我立刻闭嘴了。

朱老师会开车，但不会烧菜，因此，我是家里的大厨。对于我烧的菜，朱老师的评价一律是"好吃！"有时候，我自己也觉得某个菜不好吃，盐放多了，就假模假样地做自我批评。但朱老师从不附和，反而会安慰我说："不咸，我觉得还好了……你要是觉得咸，加点开水兑兑？"

因此，我就从来没机会跟朱老师撂勺子，说："你来烧！"

上次，我推送了张家港小刘同学的一篇作文，请叔叔阿姨们打个分，写几句评语。很多老师积极参与，但打分和评语，却呈现出严重的"两极对化"。其中，有不少老师质疑真实性，还有不少老师揪住细节不放，更有甚者，认为这篇作文将将及格。

前天，我推送了华西贡老师的一篇下水作文，请语文同行们打个分，写几句评语。老师们又是积极参与，打分从 95 分到 60 分不等，跨度之大，令人咋舌。评语呢，也很有意思，比如就"语言表达"，有的老师认为"自然流畅，有生活气息"，但也有老师认为"记流水账"，更有老师认为"读来别扭，啰唆，生硬，死板"，建议"这位老师不要再下水了，呛得厉害"。

由此，我就想，我们对一篇作文的评价，为什么会出现如此大的偏差？我又想，在我们的中考和高考作文阅卷之下，该有多少屈死的冤魂！

有老师给我发私信，问我："贡老师的这篇作文，徐老师您打多少分？"

我告诉她："我打的是 100 分。"

理由很简单：我在推文的前言中，已经说了，这次作文的要求是"记叙身边的小事，有真情实感"，贡老师所记算不算生活中的小事？有没有真情实感？该文达到了本次作文的两个基本要求，那就是100 分。

至于"开头写得太多了""缺乏对小伙子的外貌描写""人物形象不够丰满""结尾的议论有拔高之嫌""有几个句子不够精练"……这些东西，不是我本次作文打分的评分项。

如果我们每次拿到学生的作文，都拿着放大镜，把选材、立意、详略、层次、结构、开头结尾、遣词造句等一项一项照过去，你的眼里还有好作文吗？你的学生还喜欢写作文吗？

暑假里，王栋生老师给我们优青班学员做讲座，他就问了一个问题：你们有人给学生的作文打满分吗？

学生为何怕写作文？为什么写不好作文？这跟我们很多老师平时的作文评价过于严苛有关。无论他怎么写，写出来的作文，在语文老师的放大镜下，都是有一大堆问题的。

我们有些老师总是拿中考满分作文的要求，去衡量初一初二学生的作文。殊不知，所谓的"满分作文"，如果褪去光环，拿来给大家评判，一样千疮百孔。

我们还有些老师，喜欢拿文学作品的要求去衡量学生习作，要求情节像《我的叔叔于勒》那样有反转，要求结尾像《散步》那样简洁有余味……学生怎么学得来？

公民写作，毕竟不是文学创作；我们的作文教学，其基本定位也不是培养作家，这么弄，也培养不出作家。

当然，作家也不是我们语文老师培养出来的。

对学生平时写的作文，打分、写评语时，仁慈一点，宽容一点，把枪口抬高一厘米，没坏处。

王栋生老师说，哪怕作文很差很差的学生，你总能找出几个写得好的句子，写得好的词语，然后画出来表扬他，给他的作文打高分。

这道理大家都是明白的。

可等到面对一篇作文的时候，我们有些老师就不知不觉地，暴露出铿吝和忌刻的心态来。

我想，会不会有胆肥的学生，在拿到作文本之后，对分数和评语不满意，不服气，来找老师，说："老师，你写一篇给我看看。"

有时候，面对挑剔的食客，厨子不妨撂一下勺子，说："你来烧！"

EDUCATION DISCOVERY · EDUCATION DISCOVERY · EDUCATION DISCOVERY · EDUCATION DIS
COVERY EDUCATION DISCOVERY · EDUCATION DISCOVERY · EDUCATION DISCOVERY · EDUCATION DISCOVERY · EDUCATION DISCOVERY · EDUCATION DISCOVERY · EDUC
EDUCATION DISCOVERY · EDUCATION DISCOVERY EDUCATION DISCOVERY · EDU
CATION DISCOVERY
VERY · EDUCATION DISCOVERY · EDUCATION DISCOVERY · EDU
CATION DISCOVERY
CATION DISCOVERY · EDUCATION DISCO
VERY · EDUCATION
EDUCATION DISCOVE
RY · EDUCATION DISCOVERY · EDUCATION DISC

教育
发现

EDUCATION DISCOVERY
OVERY · E
DISCOVERY · EDUCATION DISCO
Y · EDUCATION DISCOVERY EDUCATION DISCOVER
ERY · EDUCATION DISCOVERY · EDUCATION DISCOVERY · EDUCATION DISCOVERY EDUCATION DI
ATION DISCOVERY · EDUCATION DISCOVERY · EDUCATION DISCOVERY EDUCATION DISCOVE

EDUCATION DISCOVERY · EDUCATION DISCOVERY · EDUCATION DISCOVERY · EDUCATION DISCOVERY · EDUCATION DISCOVERY · EDUCATION DISCOVERY · EDUCATION DISCOVERY · EDUCATION DISCOVERY · EDUCATION DISCOVERY · EDUCATION DISCOVERY · EDUCATION DISCOVERY

教育
发现